rolf mühlethaler

# fragile ordnung

# fragile order

PARK BOOKS

architekturgalerie luzern

## Seerestaurant Tivoli und Yachtclub Luzern

Der neue Pavillon für ein Seerestaurant und den Yachtclub Luzern sieht sich in in der Tradition der hölzernen Bootshäuser und Seebäder, welche die Uferlandschaft rund um den Vierwaldstättersee prägen. Über einen Steg mit dem Ufer verbunden, schwebt das architektonisch eigenständige Gebäude auf Pfählen, die bereits vorhanden waren, über dem See. Unter einem flach geneigten Walmdach baut sich ein filigranes, ausgesteiftes Holztragwerk mit Auskragungen für das erhöhte Restaurantgeschoss auf. Im unteren Geschoss sind der Yachtclub und eine Bar untergebracht. Grosse Schiebefenster schaffen Transparenz und Verbindungen zwischen innen und aussen. Die Gestalt des Baus mit seinem zurückweichenden unteren Geschoss ist durch das Anliegen beeinflusst, den Erhalt der bestehenden Wasservegetation zu gewährleisten.

## Tivoli Lakeside Restaurant and Yacht Club Lucerne

The new pavilion for a lakeside restaurant and the Yacht Club Lucerne sees itself in the tradition of wooden boat houses and lake resorts that characterize the lakeshore landscape surrounding Lake Lucerne. Connected to the shore over a footbridge, the architecturally self-contained building floats above the lake on piles that were already there. An intricate, reinforced timber structure with cantilevers for the elevated restaurant story is built up under a flat sloping hipped roof. The yacht club and bar are accommodated on the lower floor. Large sliding windows create transparency and links between inside and outside. The design of the building, with its receding lower story, is influenced by the aspiration to ensure the preservation of the existing aquatic vegetation.

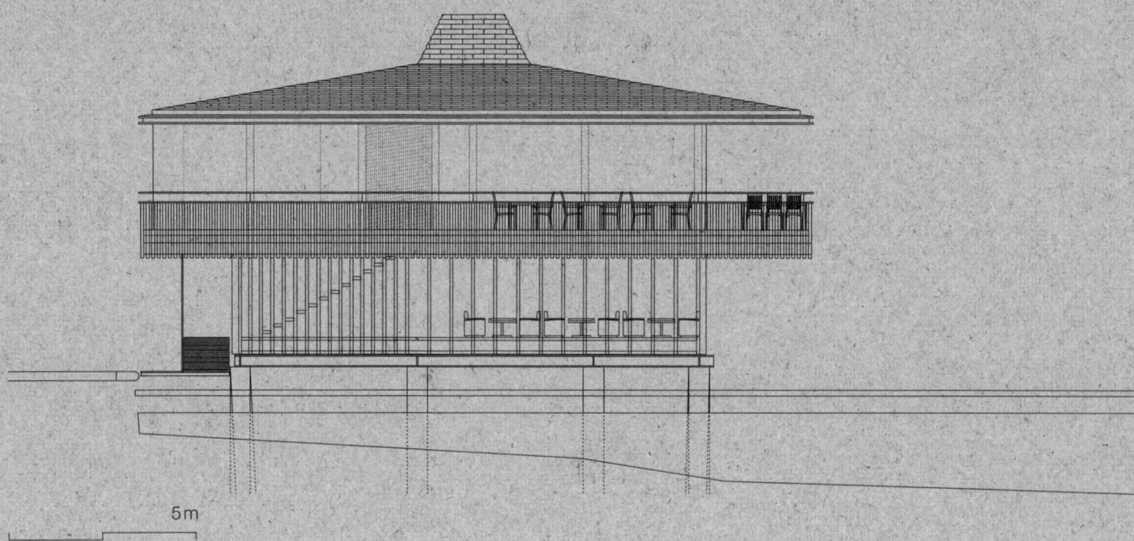


Bauherrschaft Builder
**Remimag Gastronomie AG**
Bauingenieur Structural Engineer
**Schnetzer Puskas Ingenieure AG, Basel/Bern**
Studienauftrag Architectural Study Commission
**2016 (Empfehlung zur Ausführung** Recommendation for implementation)

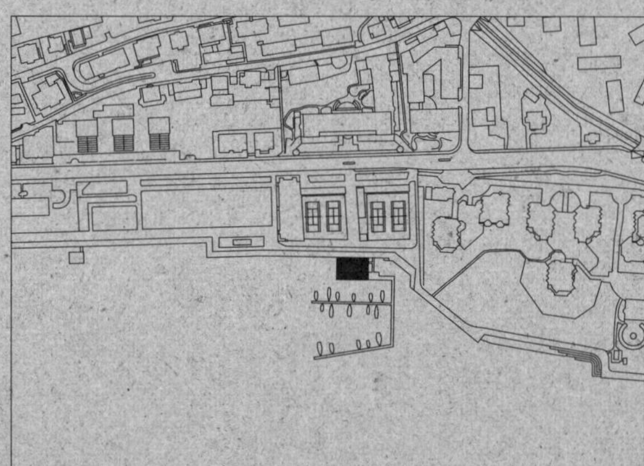

EUROPE

Rolf Mühlethaler steht beispielhaft für den Anspruch und die Kompetenz des Architekten, eine Bauaufgabe von der ersten Skizze bis zur Ausführung ganzheitlich zu bearbeiten und umzusetzen. Seine Projekte sind das Resultat konsequenter und langfristiger Arbeit auf der Grundlage tiefgreifender Überlegungen zur Eingliederung in den Kontext, zum geschichtlichen Hintergrund, der Wertschätzung des Vorhandenen, zur tauglichen Nutzung, zu Strukturen, konstruktiver Klarheit, Einfachheit, Wiederholung und Gleichmass. Alle Beteiligten – Bauherr, Planer, Unternehmer, Handwerker wie auch die Öffentlichkeit – sind in diesem Zusammenhang Adressaten wie Betroffene, Teilhaber und Träger einer komplexen Leistung.
Architektonisches Arbeiten bewegt sich in voneinander abhängigen Fragestellungen – über den Städtebau und die Einordnung in den Kontext hin zur Sozietät und Funktion, zu Methodik, Konstruktion, Mass, Proportion und Gestaltung des Raums bis hin zum weiten Bereich der Denkmalpflege. All diese Faktoren beeinflussen die Lösung, die es zu finden gilt. Um über alle Phasen des Projekts hinweg inhaltliche Konsistenz und konzeptionelle Durchdringung zu erreichen, ist präzise und herausfordernde Arbeit vonnöten. In diesem oft lang andauernden Prozess können Idee, Konzept, umsetzende Planung und Ausführung ihre inhaltliche Konsistenz und den Zusammenhalt leicht verlieren. Die vielschichtige Beschaffenheit oder Ordnung eines Projekts erweist sich dann unvermittelt als fragil.
Für die geistige Heimat der Arbeit von Rolf Mühlethaler sorgte in besonderer Weise sein Vorbild Max Schlup (1917–2013)[1], dessen Mitarbeiter er war und der ihn einer strengen und unbestechlichen Schulung unterzog. Zusammen mit Franz Füeg, Fritz Haller, Alfons Barth, Hans Zaugg u.a. war Max Schlup Teil der «Solothurner Schule», die sich durch die Entwicklung eigenständiger Typologien des seriellen Bauens hervorgetan hat und wichtige Ideen Mies van der Rohes auf die Schweizerischen Verhältnisse übertrug.
Seit 1985 führt Rolf Mühlethaler diese Tradition im eigenen Büro gleichsam fort. Seine Projekte werden in intensiven Prozessen diszipliniert entwickelt. Am Anfang steht die Analyse der Aufgabe und das Finden der Idee mittels intensiver Skizzierarbeit. Die danach folgende Planbearbeitung wird laufend und gleichberechtigt über Modelle und Muster aller Art – wiederum begleitet von der Erstellung von Skizzen – ergänzt und kontrolliert. Wesentlich ist auch die integrierte Zusammenarbeit mit Spezialisten und Fachplanern, ohne welche die Ansprüche nicht zu erfüllen wären.
Schon in den frühen, selbstständig realisierten Bauten zeigen sich die Grundthemen von

Rolf Mühlethaler exemplarily stands for the aspiration and the competence of the architect to holistically process and implement a construction task from the first sketch to the execution. His projects are the result of consequent and long-ranging work based on profound considerations of the incorporation into the context, the historical background, the appreciation of the building fabric, the suitable usage, the structures, constructive clarity, simplicity, repetition and proportion. All those involved—client, planner, entrepreneur, tradesperson, as well as the public—are addressees in this context, as well as persons concerned, partners and providers of a complex service.
Architectonic work moves in interdependent issues—from urban development and the classification into the context, towards partnership and function, to methodology, construction, dimension, proportion and design of the space, all the way to the wide field of historic preservation. All these factors influence the solution that has to be found. In order to achieve consistency in terms of content and conceptual pervasion throughout all phases of the project, precise and challenging work is necessary. In this often long-lasting process, the idea, concept, implementable planning and execution can easily lose their consistency with regard to content and their cohesion. The many-faceted nature or order of a project then suddenly proves to be fragile.
In a special way Rolf Mühlethaler's role model Max Schlup (1917–2013),[1] whom he worked for and who subjected him to strict and incorruptible training, provided the intellectual home for Mühlethaler's work. Together with Franz Füeg, Fritz Haller, Alfons Barth and Hans Zaugg, among others, Max Schlup was part of the "Solothurn School," which distinguished itself through the development of distinct typologies of serial construction and transferred the important ideas of Mies van der Rohe to Swiss circumstances.
Since 1985 Rolf Mühlethaler has been carrying on this tradition, so to speak, in his own office. His projects are developed in a disciplined manner in intensive processes. At the beginning stand the analysis of the tasks and the finding of the idea by means of intensive sketch work. The subsequent plan preparation is continuously and equitably complemented and checked by all types of models and samples—again accompanied by the creation of sketches. The integrated cooperation with specialists and expert planners, without which the requirements would not be to fulfill, is also essential.
In the early, independently realized buildings the basic themes of Mühlethaler's work already

Mühlethalers Arbeit: Ordnung, Vereinfachung und Zurückhaltung, sorgfältige konstruktive Konzepte sowie Perfektion in der Planung, Detaillierung und baulichen Ausführung. Dazu gehören die Projekte Wohnhaus Gautschi in Zofingen (1986), das Atelierhaus Iseli (1987)[2] und das Einfamilienhaus Vuille (1992–1994)[3]. Diese konsequente Linie findet sich – in einem vorläufigen Kulminationspunkt – selbst bei den aktuellen Arbeiten, beispielsweise der in diesem Katalog vorgestellten Grossüberbauung des Zollfreilagers in Zürich-Albisrieden, das auf einer ganzen Quartierfläche umgesetzt wurde.[4] Aus der Vereinfachung und Repetition von Konstruktion und Form sowie der sorgfältigen Proportionierung ergeben sich auch bei kleinen Projekten Volumen und Räume von eindrucksvoller Ruhe, die gleichsam klassisch-zeitlos und immer auf Funktion und menschliches Mass bezogen sind.

Rolf Mühlethaler versteht seine Arbeit als Weiterbauen in einer von Qualitäten bestimmten Tradition des Schweizerischen Städtebaus und der Architektur. Immer ist ein Bestand vorhanden, den es miteinzubeziehen gilt; die sogenannte «grüne Wiese» existiert für ihn nicht. Mit grosser Behutsamkeit geht es ihm um das «Erhalten» wie das «Gestalten», wobei auch Unscheinbares als Teil der Geschichte erkannt und in die Architektur integriert wird. Daraus entstehen Objekte mit hoher Identität und Differenzierung – wie etwa die Sanierung und Erweiterung der Eidgenössischen Alkoholverwaltung (1986)[5] oder der Hochschule der Künste (2008)[6] wie auch das in diesem Katalog vorgestellte aktuelle Sanierungsprojekt im Tscharnergut (alle in Bern).[7]

Aus der Beschäftigung mit konstruktiven Problemstellungen ist nur folgerichtig, hier zu erwähnen, dass sich Rolf Mühlethaler für den Ingenieurbau und dessen formbestimmende Aspekte interessiert, damit verbundene Gestaltungsaufgaben bearbeitet und dabei den Dialog und die enge Zusammenarbeit mit Spezialisten weiterführt. Ingenieurbauten, auch für Strassen und Eisenbahnen, gehören in einem Gebirgsland wie der Schweiz seit Langem zur Bautradition und sind Teil der Baukultur. Wie Gebäude prägen sie Landschaft und Orte und sollen hohe Ansprüche an die ingenieurtechnische wie gestalterische Qualität erfüllen. Rationalität, Funktionalität, konstruktive Ehrlichkeit, Reduktion auf das Notwendige und bautechnische Logik sind auch hier fortwährend Thema. Sichtbar wird dies bei verschiedenen Projekten – beispielsweise der SBB-Haltestelle in Bern-Wankdorf (2004), den 2007 erstellten Portalbauten für den im Rahmen von Alptransit erbauten Lötschberg-Basistunnel, den Portalen mit Vorgelände für den neuen

crystallize: order, simplification and restraint, meticulous constructive concepts, as well as perfection in planning, detailing and structural execution. Counted among them are projects like the Gautschi Residence in Zofingen (1986), the Iseli Studio House (1987)[2] and the Vuille House (1992 – 1994).[3] This consequent line is found—in a preliminary culmination point—even in the current work, for instance, the major building project at the former customs depot in Zurich-Albisrieden introduced in this catalog, which was implemented in an entire quarter.[4] From the simplification and repetition of construction and form, as well as the careful proportioning, volumes and spaces of impressive calm, which are classic-timeless and always relate to the function and human dimension, also result in the small projects.

Rolf Mühlethaler sees his work as further building in a tradition of Swiss urban planning and architecture determined by qualities. There is always an existing structure which is to be included; the so-called "green meadow" doesn't exist for him. With great circumspection he sees it as a matter of "preserving" as well as "designing," whereby the non-descript is recognized as part of the story and integrated into the architecture. Objects with high identity and differentiation, such as the renovation and expansion of the Swiss Alcohol Board (1986),[5] or the University of the Arts (2008),[6] as well as the current renovation project in Tscharnergut, which is also introduced in this catalog, are the result (all of them are in Berne).[7]

From the examination of structural problems it is only logical to mention here that Rolf Mühlethaler is interested in engineering construction and its shape-determining aspects, processes associated design tasks and carries on the dialog and the close collaboration with specialists in these. Civil engineering works, also for streets and railways, have long belonged to the building tradition in a mountainous country like Switzerland and are a part of the building culture. Like buildings, they shape the landscape and towns and are to fulfill a high demand on the engineering and design qualities. Rationality, functionality, constructive honesty, reduction down to the necessities and structural logic are also constant topics. This is visible in various projects—for instance, the Swiss Federal Railways station in Berne-Wankdorf (2004), the portal structures for the Lötschberg Base Tunnel, built in the scope of the AlpTransit initiative in 2007, the portals with perimeters for the new Albula Tunnel of the Rhaetian Railway,[8] or the recently completed safety nets for the Kirchenfeld and Kornhaus Bridge in Berne.[9] Mühlethaler also brings his experience flowing out from these projects in as a member of the

Albulatunnel der Rhätischen Bahn[8] oder den kürzlich fertiggestellten Sicherheitsnetzen für die Kirchenfeld- und Kornhausbrücke in Bern.[9] Seine daraus resultierende Erfahrung bringt Mühlethaler u. a. auch als Mitglied des Gestaltungsbeirates beim neuen Eisenbahn-Basistunnel am Semmering in Österreich ein.[10]
Katalog und Ausstellung der Architekturgalerie Luzern beschreiben anschaulich die Arbeitsweise von Rolf Mühlethaler. Vier Gespräche zwischen dem Architekten und seinen Arbeitspartnern, die auf vier verschiedene Themen fokussieren und von ausgewählten Projekten begleitet werden, spannen das Feld der Fragestellungen und der Ansprüche an seine Arbeitsweise auf. Die Diskussionen führen von den Grundsätzen in die Details und machen die Komplexität und die vielfältigen Wechselwirkungen, denen jedes Projekt ausgesetzt ist, deutlich. Ausstellung wie Katalog präsentieren sich als Arbeitsberichte, die zur Diskussion und weiteren Auseinandersetzung führen sollen. Der Katalog reiht sich damit nahtlos in die bisher zu oder mit Rolf Mühlethaler erschienenen Publikationen ein.[11] Obwohl seine inzwischen zahlreichen Projekte in der Fachpresse häufig behandelt wurden,[12] gibt es wenige monografische Publikationen zu seinen Arbeiten. Wir hoffen daher, mit diesem Katalog eine Lücke zu schliessen.

Im Dezember 2016

architectural advisory board for the new Semmering railroad base tunnel in Austria, among other things.[10]
The catalog and exhibition of the Architekturgalerie Luzern vividly describe Rolf Mühlethaler's working method. Four conversations between the architect and his work partners, focusing on four different themes and accompanied by selected projects, span the range of questions and the demands on his way of working. The discussions lead from the basics into the details and reveal the complexity and the multifaceted reciprocities each project is exposed to. The exhibition and the catalog present themselves as work reports that are to lead to discussion and further examination. The catalog seamlessly joins the ranks of the publications on or with Rolf Mühlethaler that have appeared up to now.[11] Although his numerous projects have frequently been discussed in the specialized press,[12] there are few monographic publications on his work. We therefore hope to close a gap with this catalog.

In December 2016

toni häfliger martin schuler

**1** Vgl. auch: «Formkraft der Konstruktion», *BSA Cahier* Nr. 4, Bund Schweizer Architekten 2016, S. 112
**2** *werk, bauen+wohnen*, Nr. 4/1988, S. 60
**3** *werk, bauen+wohnen*, Nr. 4/1995, S. 25
**4** Zusammen mit Marcel Meili, Markus Peter Architekten. Siehe Jean-Claude Maissen, Markus Peter, *Freilager Zürich*, Zürich 2016
**5** *werk, bauen+wohnen*, Nr. 6/1994, S. 51
**6** *werk, bauen+wohnen*, Nr. 9/2009, S. 42
**7** vgl. auch *werk, bauen+wohnen*, Nr. 10/2013, S. 42
**8** *tec21*, Nr. 18/2013, S. 19; UNESCO-Weltkulturerbe Albula-Berninabahn; Wettbewerb 1. Rang, im Bau
**9** *tec21*, Nr. 12–13/2016
**10** Ziel der Verträglichkeit zwischen Basistunnel und historischer Bergstrecke von 1854 (UNESCO-Weltkulturerbe)
**11** *De Aedibus* 18, Luzern 2007; Dokumentation zur Ausstellung des Architekturforum Zürich; 2012; Maissen/Peter, a. a. O. 2016
**12** vgl. zuletzt auch *werk, bauen+wohnen*, Nr. 11/2016, S. 8.

**1** Cf. also "Formkraft der Konstruktion", *BSA Cahier* 4, Berne: Bund Schweizer Architekten, 2016, p. 112
**2** *werk, bauen+wohnen*, 4/1988, p. 60
**3** *werk, bauen+wohnen*, 4/1995, p. 25
**4** Together with Marcel Meili, Markus Peter Architekten. See Jean-Claude Maissen / Markus Peter, *Freilager Zürich*, Zurich: Park Books, 2016
**5** *werk, bauen+wohnen*, 6/1994, p. 51
**6** *werk, bauen+wohnen*, 9/2009, p. 42
**7** Cf. also *werk, bauen+wohnen*, 10/2013, p. 42
**8** *tec 21*, 18/2013, p. 19; UNESCO World Heritage Site Albula-Bernina Railway; 1st place in competition, under construction
**9** *tec 21*, 12–13/2016
**10** The goal of compatibility between the base tunnel and the historic mountain section dating from 1854 (UNESCO World Heritage Site)
**11** *De Aedibus* 18, Lucerne: Quart, 2007; documentation of the exhibition *Carte Blanche IX: Rolf Mühlethaler* at the Architekturforum Zurich; Maissen / Peter, loc. cit., 2016
**12** Cf. also *werk, bauen+wohnen*, 11/2016, p. 8

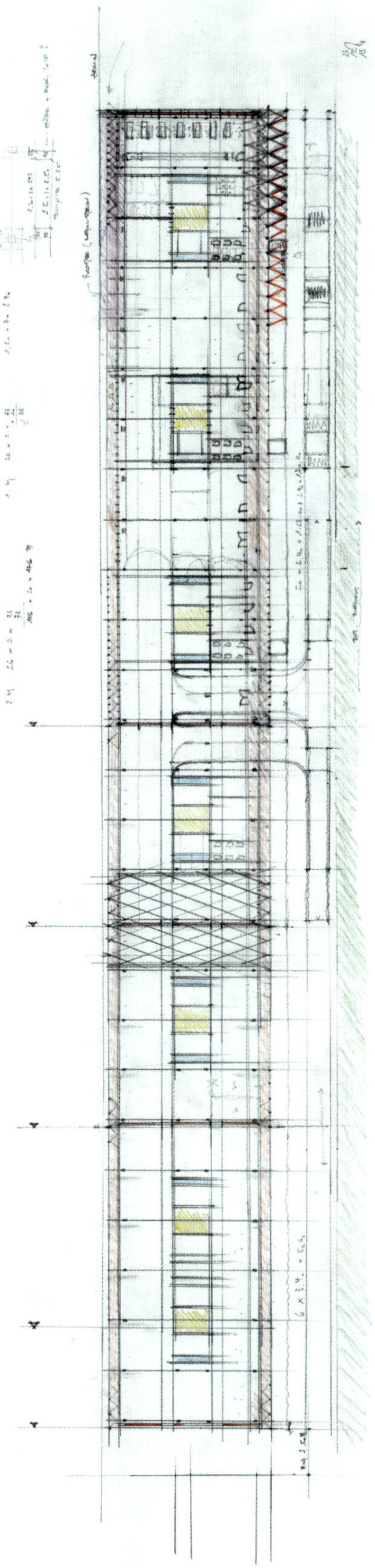

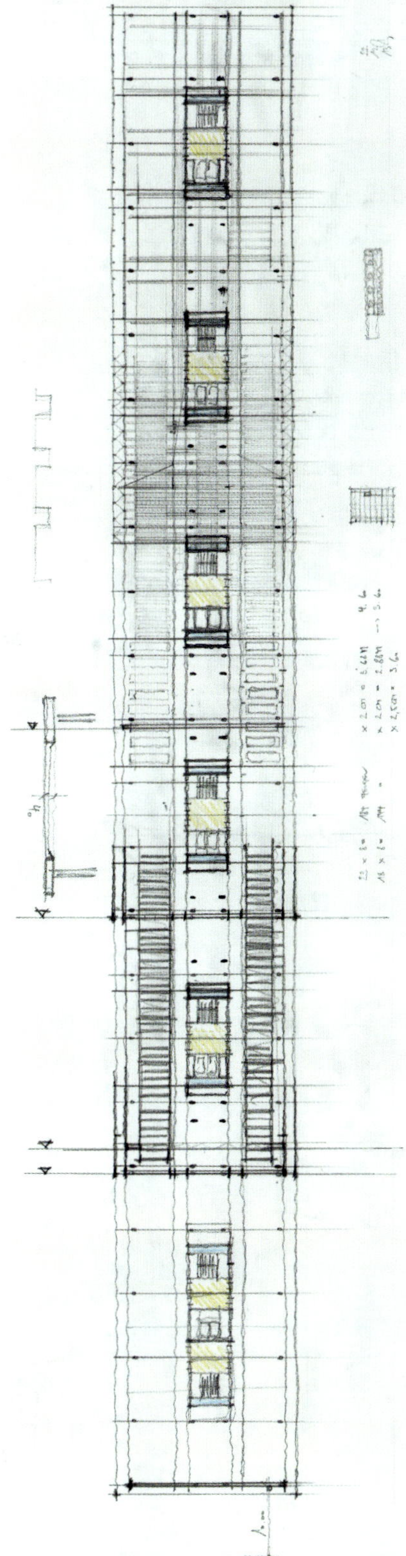

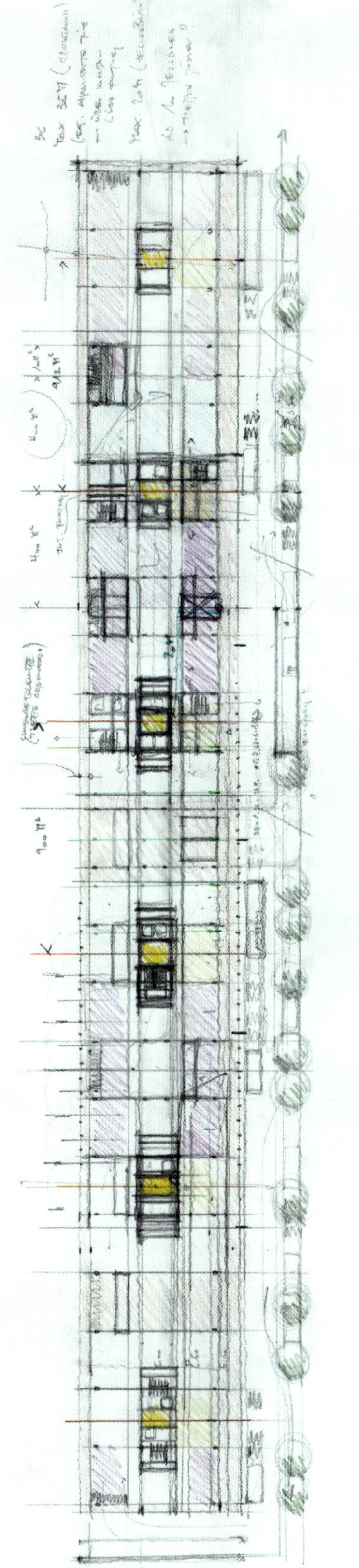

**Rösslimatt Luzern, Neues Stadtquartier**
**Rösslimatt Lucerne, New City Quarter**
Bauherrschaft Builder
Schweizerische Bundesbahnen SBB AG
Bauingenieur Construction Engineer
Schnetzer Puskas Ingenieure AG, Basel / Bern
Studienauftrag Architectural Study Commission 2013
Vorprojekt Pre-engineering Project 2013–2014

Dank einer klugen Planung gelang es, Luzern in den letzten Jahrzehnten, die Stadt ohne exzessive Auswüchse weiterzuentwickeln. An den etablierten städtebaulichen Grundregeln des 19. Jahrhunderts mit der Blockrandbebauung wird festgehalten.
Dazu gehört – abgesehen von bewussten Ausnahmen – eine maximale Gebäudehöhe von 21 Metern. Dieses robuste Grundmuster stärkt die Identität von Stadtkörper und Stadträumen und lässt dennoch massgeschneiderte und besondere Lösungen zu.
Diese städtebauliche Tradition war Vorbild für Mühlethalers Wettbewerbsbeitrag, der 2013 aus einem Verfahren zur Entwicklung des bestehenden Güterbahnhofareals siegreich hervorging. Er beinhaltet verschiedene Hofkomplexe mit differenzierten Strassen- und Grünräumen sowie einen langen, den Gleisraum begleitenden sechsgeschossigen Bau, der als erster in Realisierung gehen wird.
Die Holzfassade des markanten Längsbaus erinnert an die bestehenden alten Güterschuppen entlang der Gleise, die ihre Nutzung verloren haben und deshalb abgebrochen werden. Das Gebäude besitzt eine Länge von 221 Metern. Zusammen mit der Bahnhofüberbauung aus dem Jahr 1991 sowie der gegenüberliegenden Blockrandbebauung entlang der Zentralstrasse ergibt sich über das Gleisfeld ein Y-förmiger Stadtraum, der gleichsam als Foyer für die Ankunft und Abfahrt im Luzerner Bahnhof und damit im Stadtzentrum dient.
Präzise Öffnungen und Durchgänge im Längsbau erlauben Durchblicke aus dem Quartier ins Gleisfeld und vom Neustadtquartier ins neu entstehende Quartier in der Rösslimatt. Das Gebäude ist auf eine multifunktionale Nutzung – mit entsprechend angepassten Lichtmassen für die Geschosse – ausgelegt.
Die Baustruktur folgt einem einfachen und regelmässigen Rhythmus von aussteifenden Kernen und frei unterteilbaren Nutzflächen mit einem Stützenraster mit einer Weite von 9,60 Metern. Ein allgemeiner Fassadenraster von 1,20 Meter Breite lässt – entsprechend den gewünschten Nutzungen – den Einbau unterschiedlicher Elemente wie Fenster, Türen oder geschlossene Flächen zu.
Umlaufende Veranden schützen die Fassade und sorgen für zusätzliche Fluchtwege – beispielsweise im Falle einer Schul- oder Büronutzung des Gebäudes – und erleichtern die Reinigung. Aus geologischen Gründen und im Hinblick auf das Verhalten bei Erdbeben wird die Konstruktion u. a. durch die Verwendung vorgefertigter Deckenelemente mit Hohlkörpern optimiert. Neben der Gewichtseinsparung und somit geringeren Aufwendungen bei den Fundationen erzeugen die kassettierten Betondecken eine grosszügige räumliche Wirkung in der Tiefe wie auch in der Länge des Volumens.

Thanks to clever planning, Lucerne has succeeded in further developing the city in the past decades without excessive outgrowths. The established urban planning ground rules of the 19th century with the perimeter block development are adhered to.
Belonging to them – aside from conscious exceptions – is a maximum building height of 21 meters. This robust basic model strengthens the identity of urban corpora and urban spaces and nonetheless allows for tailor-made and special solutions.
This urban planning tradition was the paragon for Mühlethaler's competition entry, which emerged victoriously in 2013 from a process to develop the existing freight yard area. It contains various courtyard complexes with differentiated road and green spaces, as well as a long, six-story structure that straddles the track space and will be the first one realized.
The timber façade of the distinctive long building recalls the existing old freight sheds along the tracks, which have lost their usage and will therefore be dismantled. The building features a length of 221 meters. Together with the new train station built in 1991 and the perimeter block development on the opposite side along Zentralstrasse, a y-shaped urban area arises over the track field, which at the same time serves as a foyer for the arrival at and departure from the Lucerne Central Station and thus the city center.
Precise openings and passages in the longitudinal building offer vistas from the quarter into the track field and from the Neustadt quarter into the newly rising quarter in the Rösslimatt area. The building is designed for multifunctional use – with correspondingly adjusted light dimensions for the stories.
The building structure follows a simple and regular rhythm of reinforced cores and freely dividable floor spaces with a 9.6-meter-wide strut grid. A general façade grid measuring 1.2 meters in width permits – according to the desired usage – the fitting of various elements like windows, doors or closed surfaces.
Circumferential verandas protect the façade and provide for additional emergency exits – for instance, in the case of a school or office utilization of the building – and make cleaning easier. For geological reasons and with regard to the behavior in the event of earthquakes, the construction will be optimized, among other things, by the use of precast slab elements with hollow bodies. Besides saving weight and thus expenditure for the foundations, the coffered concrete ceilings create a generous spatial effect in the depth as well as length of the volume.

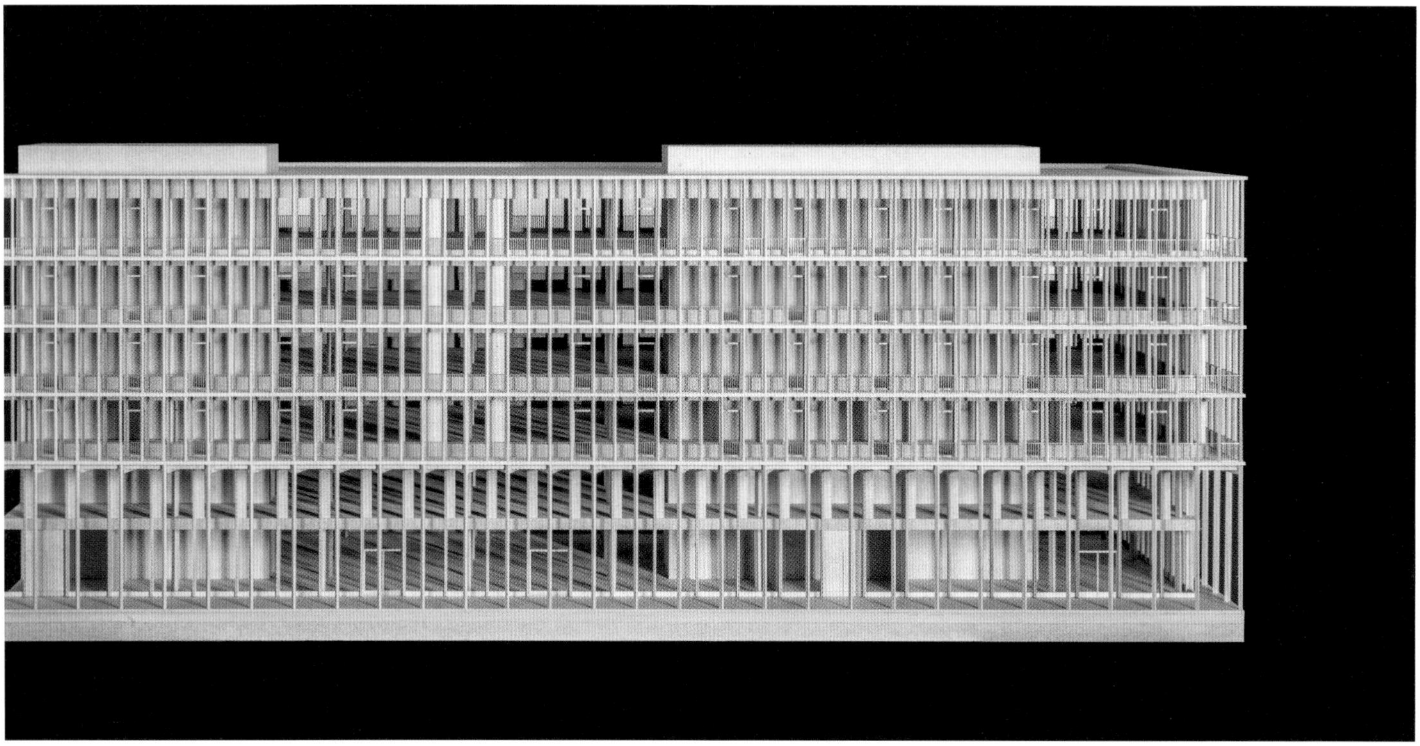

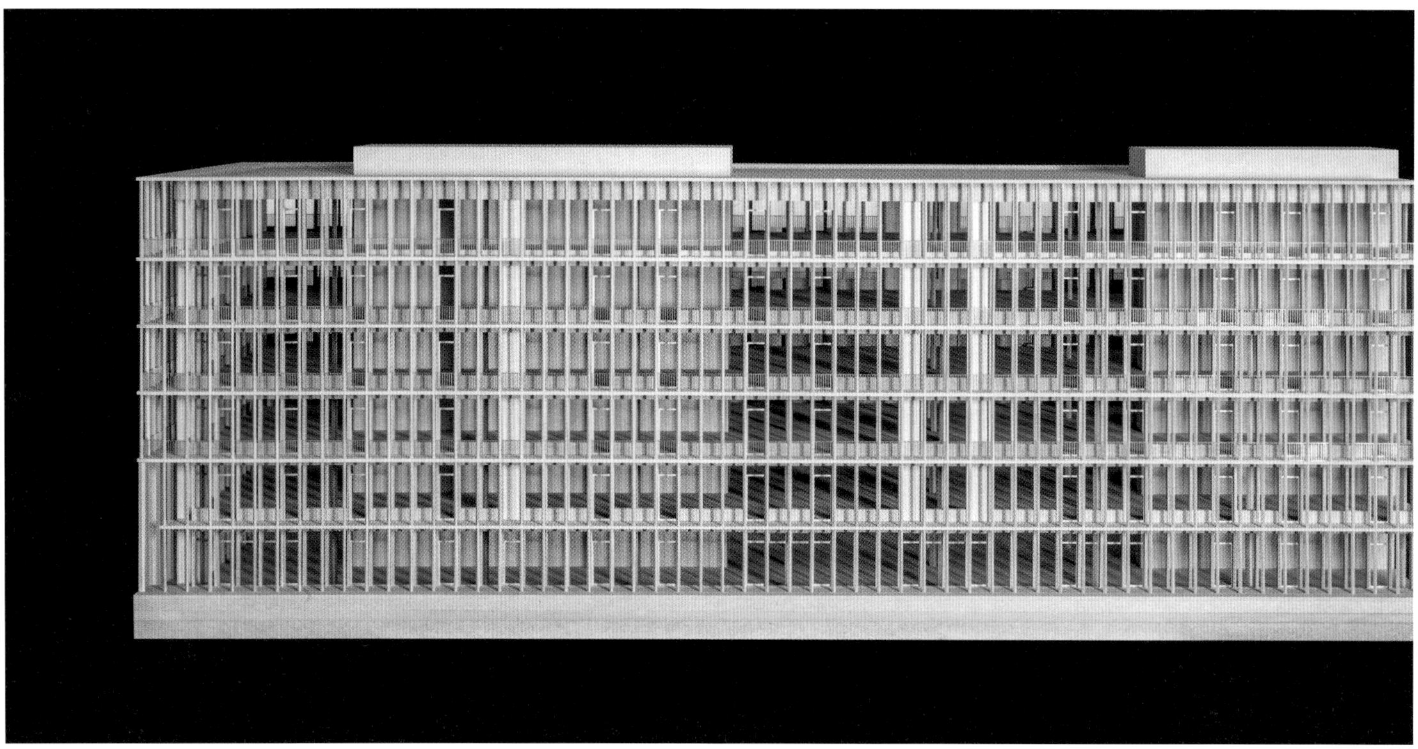

oben: Fassadenmodell – Ansicht vom Quartier
unten: Fassadenmodell – Ansicht vom Gleis

Above: Façade model – View from the quarter
Below: Façade model – View from the tracks

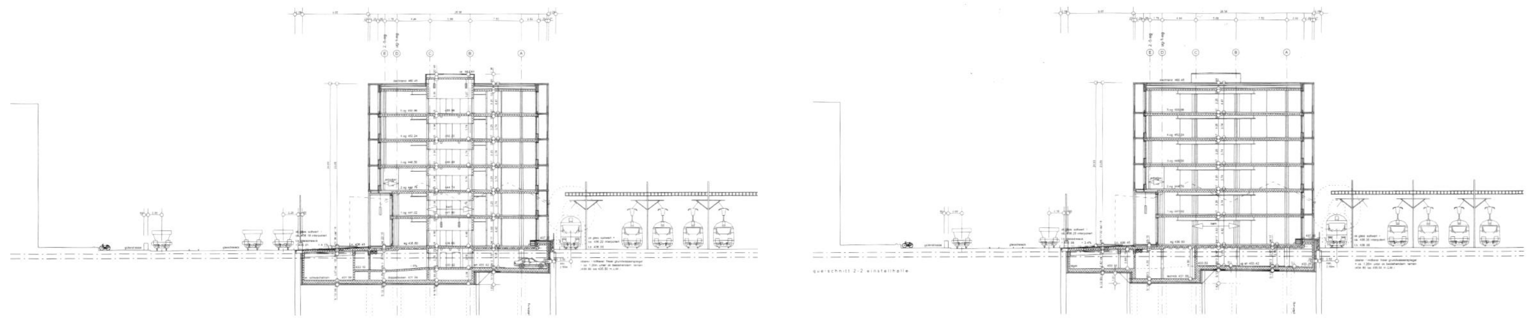

Querschnitt  Cross section

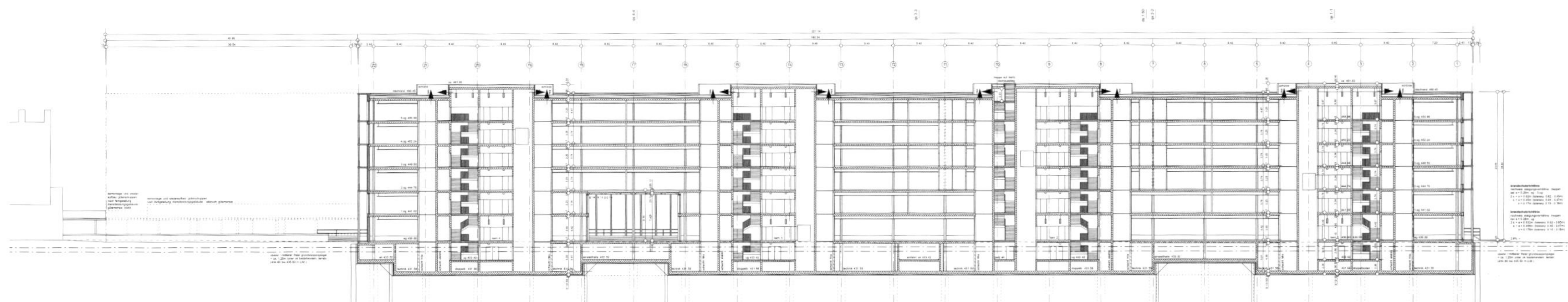

Längsschnitt  Longitudinal section

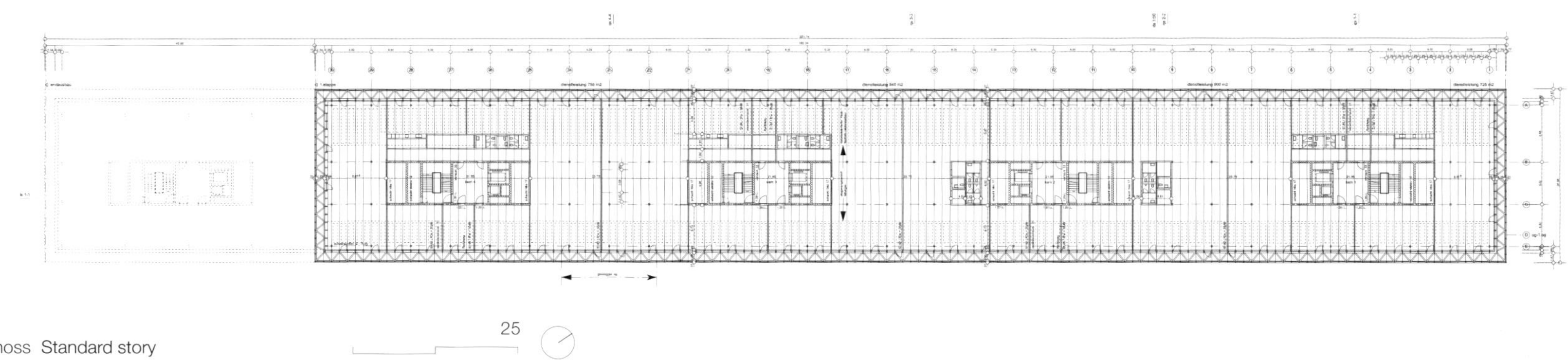

Regelgeschoss  Standard story

# rösslimatt luzern  rösslimatt lucerne

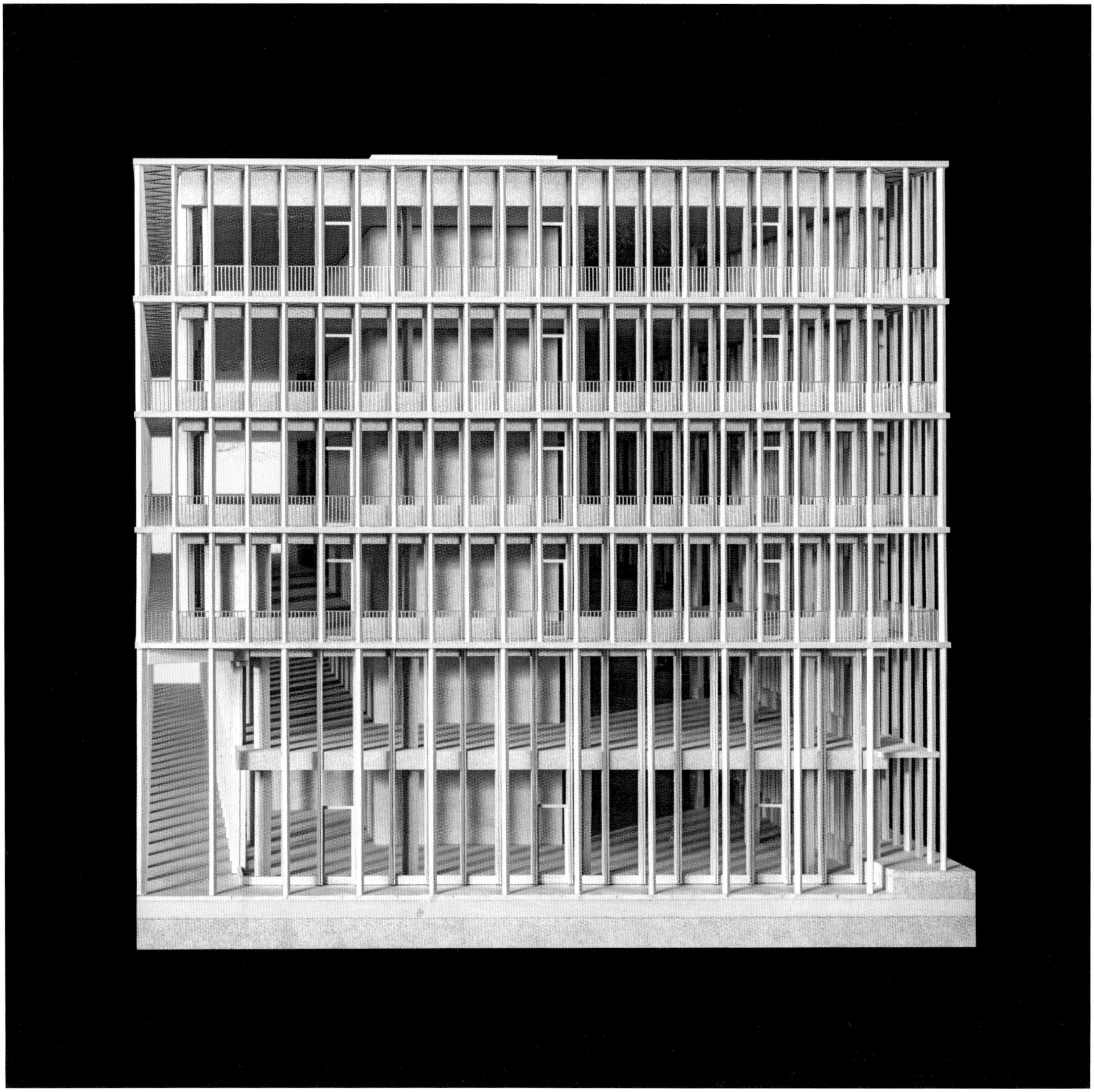

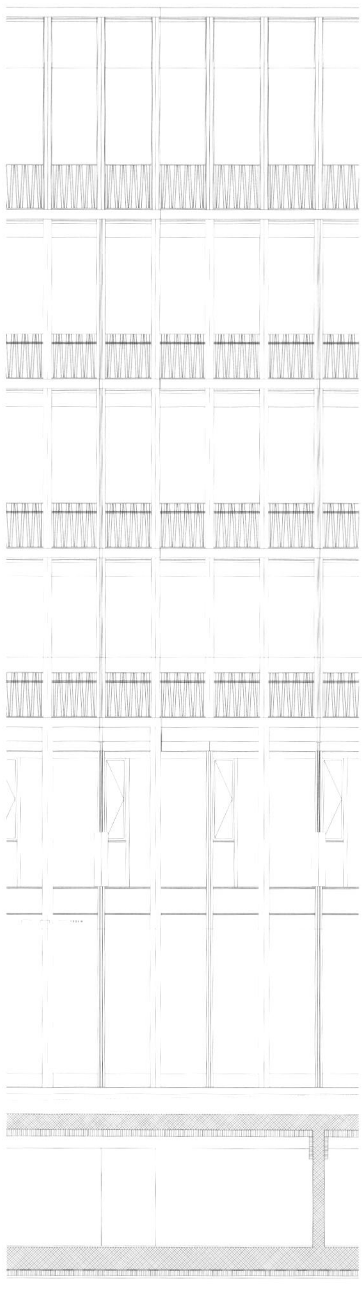

Ansicht Südfassade View of the south façade

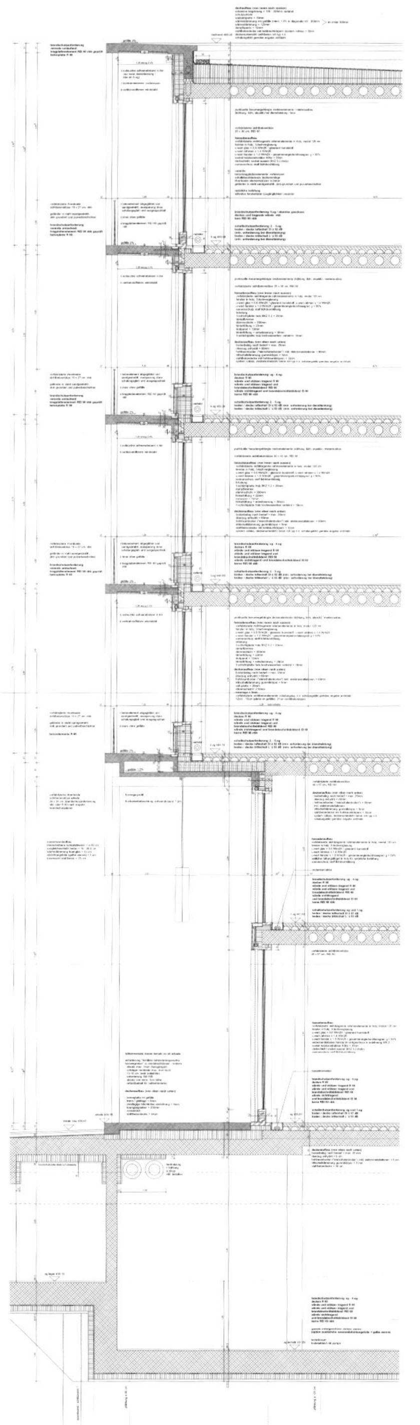

Fassadenschnitt Façade cross section

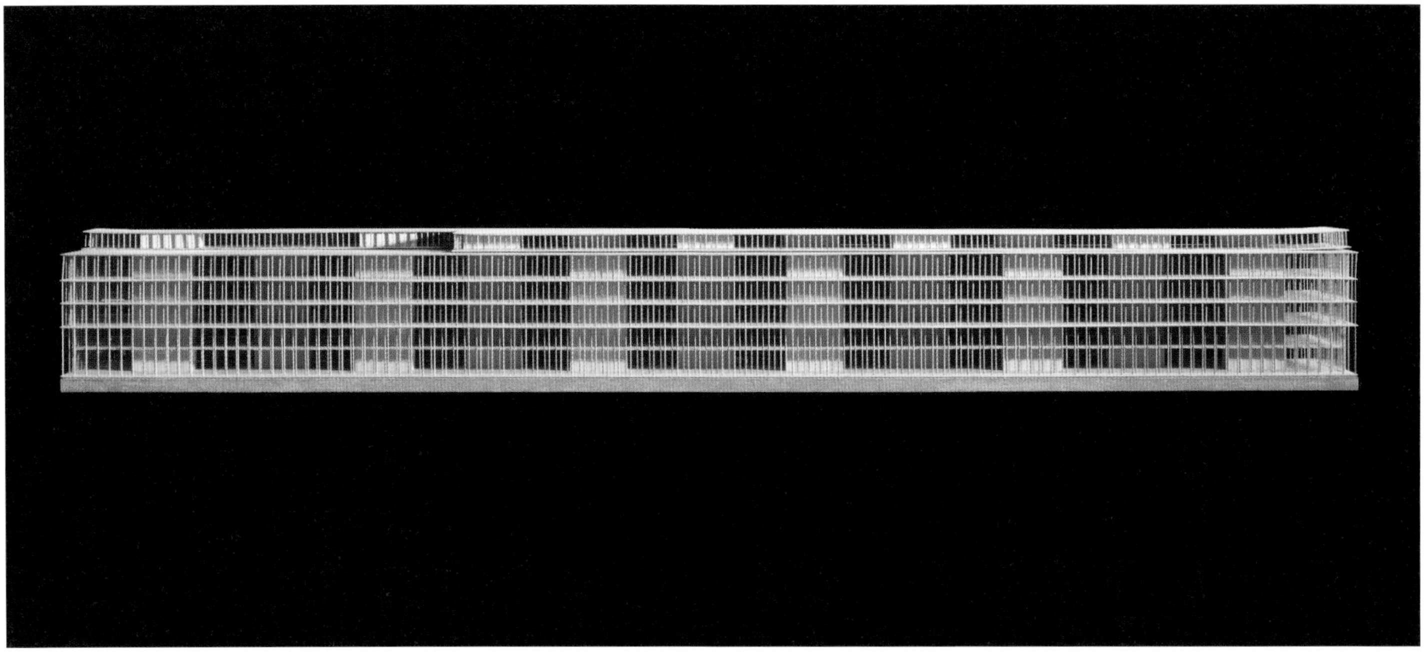

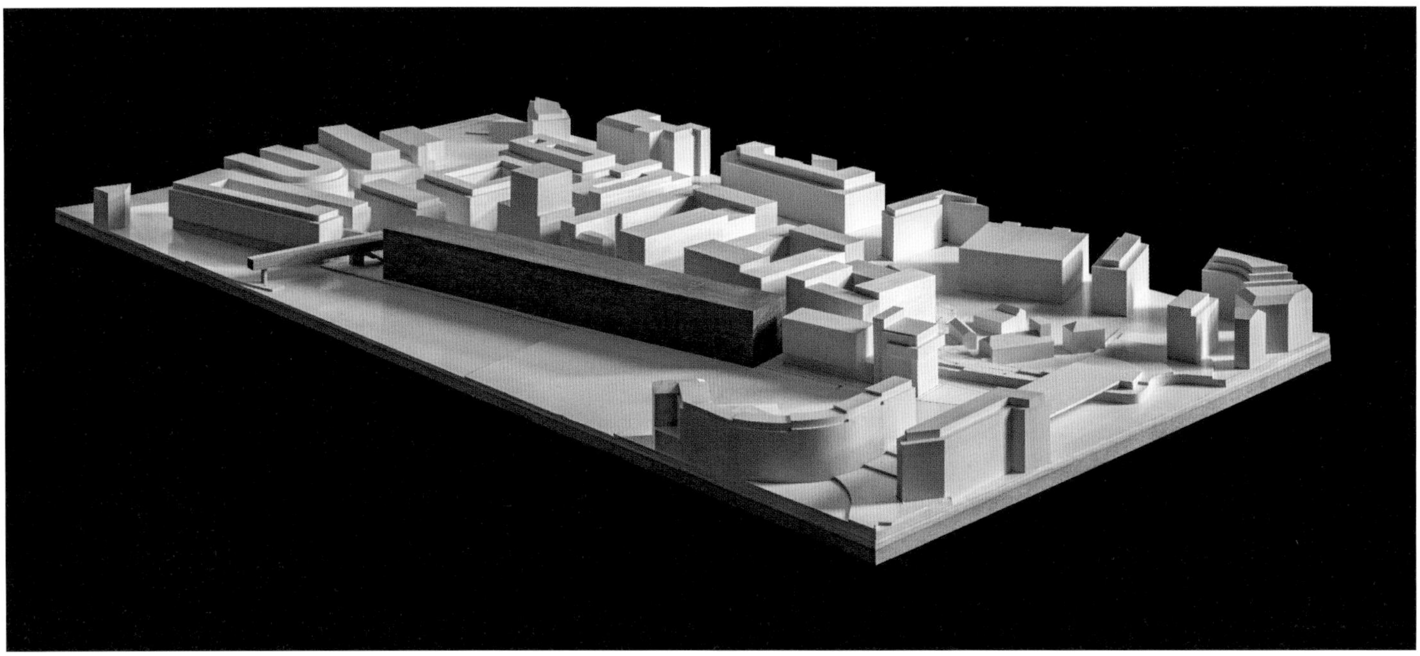

oben: Strukturmodell
unten: Städtebauliches Modell

Above: Structural model
Below: Urban planning model

es steckt so viel dynamik im aktuellen städtebaudiskurs. häufig entstehen gute häuser von guten architekten. aber gibt es einen zusammenhalt, eine identität? wahrscheinlich hat diese haltung auch unsere städtebauliche idee bestimmt: wir wollten egalität, homogenität und gleichmass schaffen.

there is so much dynamism in the current urban development discourse. good houses are frequently being developed by good architects. but is there a cohesion, an identity? this approach has probably determined our urban planning idea, too: we wanted to create equality, homogeneity and symmetry.

**Städtebau**
Jürg Rehsteiner, Rolf Mühlethaler und Christoph Schläppi im Gespräch

**Christoph Schläppi** Was waren die wesentlichen städtebaulichen Überlegungen hinter dem Rösslimatt-Projekt?
**Rolf Mühlethaler** Ich bin fest davon überzeugt, dass die «klassische» Stadt, wie Luzern sie beispielhaft verkörpert, nach wie vor Gültigkeit hat – sowohl was die Strassen und Aussenräume betrifft als auch hinsichtlich der Schichtung und Nutzungsverteilung. Die Interaktion von Raum und Haus hat grosse Bedeutung, und die Architektur spielt mit ihrer Gliederung und Proportionierung dabei eine eigene Rolle. Die Nutzungszuteilung hat im Städtebau über Jahrhunderte hinweg wunderbar funktioniert. Das wollen wir in der Rösslimatt weiterführen. Wir sehen keinen Grund – hier liegt ein Kern der Überlegungen –, das System zu wechseln und auf einer letztlich doch recht kleinen Fläche eine andere Art von Stadt zu erfinden. Wir nehmen das an, was da ist, und übersetzen es auf das Neubaugebiet.
**CS** Vor uns liegen historische Karten und Pläne, u. a. mehrere Siegfriedkarten, Swissair-Fotobilder, ein Bebauungsplan von 1896 …
**RM** … ein Idealplan – aber so effizient! Dieser simple Baulinienplan ist eine hervorragende städtebauliche Grundlage. Die Frage ist: Braucht es mehr als das?
**Jürg Rehsteiner** Theoretisch nicht, aber die Bedingungen haben sich seit 1896 schon geändert! Du hast etwa die Schichtung angesprochen. Welche Nutzungen sind im Erdgeschoss in einer Wechselbeziehung mit dem öffentlichen Raum? Was ist weiter oben? Sollen grosse Gebäude monofunktional oder durchmischt sein? Gleichzeitig geht es auch um die Teilung – hier liegt vielleicht der grösste Unterschied zwischen dem 19. Jahrhundert und heute. Wie entstehen überhaupt Gebäude und Gebäudeblöcke? Nehmen wir den Stadtbauplan von Armin Meili. Er hat einige Karrees vorgegeben, dann haben pro Block zehn bis 15 Eigentümer gebaut. Die Baumeister wussten, wie man das anständig macht, haben vielleicht einen Architekten beigezogen, eine schöne Fassade gezeichnet und danach gebaut. Heute sucht der Grundeigentümer einen sogenannten Ankermieter, der im besten Fall alles besetzt, und schon haben wir einen «Klumpen»: Ein einziges grosses Haus mit Dimensionen, die früher ein ganzer Blockrand einnahm.
**RM** Wir sind nicht mehr in der Lage, über ein ganzes Quartier hinweg ein architektonisches Selbstverständnis zu entwickeln – einen Kanon, wie ihn die Baumeister hatten; Haus für Haus.

**Urban Planning**
Jürg Rehsteiner, Rolf Mühlethaler and Christoph Schläppi in Conversation

**Christoph Schläppi** What were the essential urban planning considerations behind the Rösslimatt project?
**Rolf Mühlethaler** I'm firmly convinced that the 'classic' city, as Lucerne exemplarily embodies it, still has validity—not only with regard to the roads and outdoor spaces, but also in terms of the stratification and the distribution of functions. The interaction of space and house has great importance and the architecture, with its arrangement and proportioning, plays a distinct role in the process. Throughout the centuries the distribution of functions in urban planning has worked wonderfully. We want to continue that in Rösslimatt. We see no reason—and here lies a core of the considerations—to alter the system and to invent another type of city in an ultimately quite small area after all. We accept what is there and translate it to the developing area.
**CS** In front of us lie historic maps and plans, among others, several Siegfried Maps, Swissair aerial photos, a development plan from 1896 …
**RM** … an ideal plan—but so efficient! This simple building alignment plan is an outstanding urban planning basis. The question is: Does it need more than that?
**Jürg Rehsteiner** Theoretically not, but the conditions have certainly changed since 1896! You addressed, for instance, the stratification. Which usages on the ground floor are in an interrelation with the public space? What is further above? Should large buildings be monofunctional or mixed? At the same time it's a question of separation—the largest difference between the 19th century and today perhaps lies here. How do buildings and building blocks emerge at all? Let's take Armin Meili's city development plan. He specified several blocks; then built ten to 15 properties per block. The builders knew how to do that properly, perhaps called in an architect, drew a beautiful façade and built accordingly. Today the property owner is looking for a so-called anchor tenant who, in the best case, occupies everything and then we already have a 'nugget': a single large house with dimensions that previously took up an entire block perimeter.
**RM** We're no longer in the position to develop an architectonic self-understanding across an entire quarter—a canon like the one the master builders had; house for house. These houses contain a symmetry within themselves, so that an entity within the block, often even across several blocks, emerges in the end.

Diese Häuser tragen ein Gleichmass in sich, sodass am Schluss eine Einheit innerhalb des Blocks, ja oft sogar über mehrere Blöcke hinweg entsteht.

**JR** Wichtig ist auch, was die Architektur letztendlich leistet. Die Neustadt ist sehr dicht, besitzt Freiräume und eine gute Nutzungsdurchmischung. Entfernen wir uns vom Zentrum, haben wir im gleichen Muster statt der Läden plötzlich Wohnungen im Erdgeschoss. Bei der zentral gelegenen Rösslimatt bin ich optimistisch, dass das Erdgeschoss über seine Nutzungen und ihre Mischung städtische Öffentlichkeit generieren kann. Die Jury hat diskutiert, ob alle Teilräume die gleiche Dichte besitzen müssen. Kurz bevor das Verfahren gestartet wurde, hat die Politik vorgegeben, dass hier ausschliesslich Arbeitsflächen entstehen sollen, obwohl es in Luzern praktisch nur gemischte Zonen mit Wohnen und Arbeiten gibt. Unterdessen wird das wieder angepasst. Die Interessen der Politik und der Investoren stimmen oft nicht überein.

**CS** Mit welchen Setzungen hast du auf diese Situation reagiert, Rolf?

**RM** Es gibt auf der räumlichen Ebene Vorgaben, die wir respektieren müssen und wollen. Da ist etwa das Gleisfeld – eine riesige offene Fläche voller dynamischer Bewegungen, die u. a. eine schöne Aussicht bietet. Dann der Lärm, der es erschwert, Wohnen zu realisieren. Dann die Bestandsbauten. Es gibt beispielsweise ein kleines, erhaltenswertes Gebäude und ein weiteres, das nicht geschützt, aber trotzdem interessant ist. Es wird in der ersten Etappe erhalten und hat vielleicht auch weiterhin eine Daseinsberechtigung. Dann haben wir die «Kulturscheune» und natürlich die Spange zur Bürgenstrasse und zum See. Wir schlagen ein Strassennetz durchaus im Sinne des ursprünglichen Idealplans vor.

**CS** Die Korridore werden linear verlängert, Sichtverbindungen vom Neubau aufgefangen. An einer anderen Stelle läuft der Korridor direkt ins Gleisfeld hinaus.

**RM** Mich hat der alte Güterschopf fasziniert und inspiriert: seine Dimensionen; die Holzfassade. Ich hatte kein Interesse an einer Unterteilung und einer Vielfalt von Häusern vor den Gleisen. Der Neubau soll gelassen die Zugeinfahrt in Luzern begleiten. Mir fehlt das Vertrauen, dass ein Prozess mit zu vielen Akteuren zu einem guten Resultat kommen kann. Es steckt so viel Dynamik im aktuellen Städtebaudiskurs. Häufig entstehen gute Häuser von guten Architekten. Aber gibt es einen Zusammenhalt, eine Identität? Wahrscheinlich hat diese Haltung auch unsere städtebauliche Idee bestimmt: Wir wollten Egalität, Homogenität und Gleichmass schaffen.

**JR** It is also important what architecture ultimately accomplishes. The new city is very dense, possesses open spaces and a very good usage mix. As we move away from the center, instead of the shops we suddenly have apartments on the ground floor in the same pattern. In the case of centrally located Rösslimatt area, I'm optimistic that the ground floor can generate an urban public sphere through its usages and its mix. The jury discussed whether all subspaces have to possess the same density. Shortly before the procedure was started, politics prescribed that workspaces are to exclusively develop here, although there are practically only mixed zones with living and working in Lucerne. That will be adjusted again in the meantime. The interests of politics and investors often do not coincide.

**CS** With which postulations did you react to this situation, Rolf?

**RM** On the spatial level there are requirements we have to and want to respect. There is the track area, for instance—a giant open area full of dynamic movements which, among other things, offers a beautiful view. Then the noise, which makes it difficult to realize residential living. Then the existing buildings. There is, for example, a small building worth preserving and a further one which isn't protected, but is nonetheless interesting. It will be preserved in the first stage and perhaps has a right to exist beyond that as well. Then we have the 'Culture Barn' and, of course, the connecting road to Bürgenstrasse and to the lake. We are proposing a road network definitely in the sense of the original ideal plan.

**CS** The corridors will be extended linearly; the new building's lines of sight will be absorbed. At another spot the corridor runs directly out into the track area.

**RM** The old freight shed fascinates and inspires me: its dimensions; the wooden façade. I have no interest in a partition and a variety of houses in front of the tracks. The new building ought to calmly accompany the train entry into Lucerne. I'm missing the trust that a process with too many actors can come to a good result. There is so much dynamism in the current urban development discourse. Good houses are frequently being developed by good architects. But is there a cohesion, an identity? This approach has probably determined our urban planning idea, too: We wanted to create equality, homogeneity and symmetry.

**CS** You're speaking of the old city, Jürg, where variety, mixing and life reign and individual usages fertilize each other. On the other hand, Rolf places a single large element there, because he's lacking the trust that we're able to establish diversity. What applies now?

**CS** Du sprichst von der alten Stadt, Jürg, in der Vielfalt, Durchmischung, Leben herrschen und einzelne Nutzungen einander befruchten. Andererseits stellt Rolf ein einzelnes grosses Element hin, weil ihm das Vertrauen fehlt, dass wir imstande sind, Vielfalt herzustellen. Was gilt nun?
**JR** Die Stärke des Verfahrens waren die zwei Eindringtiefen. Einerseits die Gesamtschau des Areals, andererseits die architektonische Vertiefung auf dem Baufeld am Gleiskörper. Das bot der Jury die Chance, das Spannungsfeld von Städtebau und Architektur in der ganzen Bandbreite zu beurteilen. Es bringt wenig, sich nur nach der Stadt des 19. Jahrhunderts zurückzusehnen. Die Bedingungen sind heute anders. Ich glaube, dass am Schluss die architektonische Frage fast am wenigsten entscheidend ist. Wenn die Grundbedingungen des Städtebaus noch funktionieren, kommt es darauf an, wie die öffentlichen Räume, die Aussenräume proportioniert sind. Daneben geht es um Nutzungsbedingungen. Gelingt es, die Blöcke so zu disponieren, dass sie in einer Art Rundumbeziehung funktionieren? Wo liegen in dem Fall die Erschliessungen, Anlieferungen, Tiefgaragenausfahrten? Hieran entscheidet sich, ob ein Strassenraum ins Gleichgewicht kommt und aktivierbar ist. Es braucht diese Dinge, denn sie sind auch eine Realität der Stadt.
**RM** Wir kranken daran, Funktionen zu streng auseinanderzuhalten. Unser Quartier hat homogene, gleichwertige Räume; überall kann angeliefert werden, überall kann alles sein. Allerdings gehen durch die Normendichte Nuancen und Details wie kleine Höhenunterschiede, Trittstufen etc. verloren.
**JR** Das sind eben die Bedingungen des 21. Jahrhunderts. In der Neustadt kann man beobachten, womit das Bild der idealen Stadt des 19. Jahrhunderts erkauft wird: Es gibt keinen Innenhof mehr, der nicht inzwischen ein asphaltierter Parkplatz wäre. Die Höfe leisten nicht mehr, wofür sie gedacht waren – nämlich den Bewohnern Rückzugsmöglichkeiten oder halböffentliche Flächen mit Aufenthaltsqualität anzubieten. Wir müssen unsere Stadt höherwertig gestalten und öffentliche Räume anbieten, in denen sich Langsamverkehrsteilnehmer gerne bewegen. Wenn die Grunddisposition stimmt, mag die Situation auch einen Bau besser vertragen, der architektonisch nicht so gelungen ist. Man sieht auch bei hochkarätigen Wettbewerbsverfahren oft Beispiele von Entwicklungen, die zwar akzeptable Architektur hervorgebracht haben, als Teil der Stadt aber nicht wirklich überzeugen.
**RM** Dieses Gelingen ist womöglich nicht architekturabhängig, aber in jedem Fall strukturabhängig. Besonders wichtig sind die Geschosshöhen.

**JR** The strength of the process was the two penetration depths. On the one hand, the overall view of the area; on the other hand, the architectonic recess on the track roadbed construction site. That provided the jury the chance to evaluate the conflict area of urban planning and architecture in the complete scope. It does little good to merely long to return to the city of the 19th century. The conditions are different today. I believe that the architectonic question is almost the least decisive in the end. If the basic conditions of urban planning still function, it depends on how the public spaces, the outdoor spaces, are proportioned. In addition, it has to do with terms of usage. Do we succeed in planning the blocks in a way that they work in a type of all-around relationship? Where do the circulation spaces, the delivery spaces, the underground garage exits lie in this case? Here it will be decided whether a road space comes into balance and can be activated. These things are needed, because they are also a reality of the city.
**RM** We fail to strictly keep the functions apart. Our quarter has homogenous, equivalent spaces; things can be delivered everywhere, everything can be everywhere. Through the concentration of standards, however, nuances and details like slight height differences, steps, etc., get lost.
**JR** These are the conditions of the 21st century after all. In the new city one can observe what the image of the ideal 19th century city is bought with: There is no inner courtyard anymore that hasn't become a paved parking space in the meantime. The courtyards no longer accomplish what they were conceived for—namely to provide the residents possibilities to retreat or semi-public areas with quality of stay. We have to design our city at a higher value and offer public spaces in which slow traffic participants gladly move. If the basic layout is right, the situation may also better tolerate a building that is not so successful architectonically. In top-class competition procedures one also often sees examples of developments that have brought forth acceptable architecture which, however, is not really convincing as part of the city.
**RM** This succeeding is possibly not dependent on the architecture, but in any case on the structure. Particularly important are the story heights. Together with the clients we've managed to plan stories with heights of 3.3 meters, where everything from an office, to a school, to an apartment, is possible. Such conceptual principles are essential in the ongoing negotiations with potential users. If we had gone from the start to 2.8 meters in favor of an additional story and hadn't openly designed the arrangement of openings, shafts and

Wir haben es zusammen mit der Bauherrschaft geschafft, Geschosse von 3,30 Metern Höhe zu planen, wo vom Büro über eine Schule bis hin zum Wohnen alles möglich ist. Solche konzeptionellen Grundsätze sind in den laufenden Verhandlungen mit potenziellen Nutzern grundlegend. Wären wir von Anfang an zugunsten eines zusätzlichen Geschosses auf 2,80 Meter gegangen und hätten die Anordnung von Erschliessungen, Schächten, Stützen nicht offen konzipiert, so wären viele Nutzungen von Vornherein ausgeschlossen gewesen. Stattdessen haben wir viele Freiheiten und wenig Diskussionen.
**JR** Ich habe vorhin salopp gesagt, die Architektur spiele keine Rolle. Natürlich tut sie das! Und zwar auch auf der Ebene der Grundstruktur, der Differenzierung der Geschosse. Darin entscheidet sich, ob die Räume wirklich auch als städtische Räume wahrgenommen, städtisch konnotiert werden. Dieses Thema musste die Jury gegenüber den Auftraggebern verteidigen, die die Chance witterten, ein zusätzliches Geschoss zu realisieren. Die Massstäblichkeit des Gebäudes manifestiert sich primär im Schnitt. Aus diesem heraus konnte das Projekt in den Gestaltungsplan überführt werden.
**RM** Der Druck ist gewaltig, ein Geschoss mehr ins Haus einzupassen, um eine sogenannt wirtschaftliche Lösung zu realisieren. Wenn hingegen die Räume unabhängig von der Nutzung grosszügig geplant sind, ist die Investition auf lange Frist hinaus gesichert, und auch der Wert steigt langfristig. Jeder weiss das, aber niemand macht es. Es braucht Mut und eine langfristige Perspektive, weniger zu machen als das rechnerische Maximum. Man muss begründen, weshalb eine Geschossigkeit, wie wir sie in der Rösslimatt anbieten, langfristig mehr bringt. Das gilt aber ebenso in der kurzfristigen Perspektive: Wären die Geschosse nicht so, wie sie sind, wären einige Mieter gar nicht davon zu überzeugen, einzuziehen.
**CS** Ein halbes Jahr warten kommt teurer als grosszügig zu bauen?
**JR** Im Vorfeld von Entwicklungs- und Wettbewerbsverfahren versuchen wir, den städtebaulich verträglichen Rahmen für einen Ort auszuloten. Wenn das, was der Investor quantitativ will, städtebaulich nicht machbar ist, kann das auch nicht mit einem guten Wettbewerb «geheilt» werden. In der Rösslimatt ging es darum, ein verträgliches Mass an Dichte zu realisieren. Ein Wettbewerbsbeitrag schlug eine Dichteinsel vor. Die Jury kam zur Erkenntnis, dass Luzern zu klein ist, um einen solchen Ort zu schaffen. Es erschien sinnvoll, eine Dichte zu realisieren, die in etwa der Dichte der vorhandenen Kernstadt entspricht.

struts, many usages would have been excluded from the outset. Instead, we have many freedoms and few discussions.
**JR** Earlier I casually said that architecture plays no role. Naturally it does! Namely at the level of the basic structure, the differentiation of the stories. It is decided therein whether the spaces will also really be perceived as urban spaces, connoted as urban. The jury had to defend this issue in the face of the clients, who scented the chance to realize an additional story. The scalability of the building is primarily manifested in the section. The project could be transferred out of this into the design plan.
**RM** The pressure is tremendous to fit one more story into the house in order to realize a so-called economic solution. If, on the contrary, the spaces are generously planned regardless of the usage, the investment is ensured for the long term, and the value will also increase in the long run. Everyone knows that, but nobody does it. Courage and a long-term perspective are required to do less than the calculated maximum. One has to justify why a height like the one we're offering in Rösslimatt brings more in the long run. But that equally applies in the short-term perspective: If the stories weren't the way they are, several tenants wouldn't have been able to be convinced at all to move in.
**CS** Waiting half a year is more expensive than building spaciously?
**JR** In the run-up to the development and competition process we attempted to sound out the frame for a location that is compatible in terms of urban planning. If what the investor quantitatively wants is not feasible in an urban planning sense, it also can't be 'healed' with a good competition. In Rösslimatt it was a matter of achieving a tolerable degree of density. A competition entry proposed a density island. The jury came to the realization that Lucerne is too small to create such a place. It appeared to make sense to realize a density that corresponds approximately to the density of the existing core city.
**RM** The eaves height in Lucerne is 21 meters. I, however, also proposed a high building that could exert a certain magnetic effect inwards against the triangular junction. The client prefers a different variant.
**CS** Urban planning as a sculptural, artistic concern?
**RM** Absolutely. In the setting of the squares we have numerous nuances, no simple front; everything is tiered. Bringing all the elements into the proper balance gives me extremely much pleasure. I can spend a whole weekend dealing with such a task. By contrast, it worries me that at those

**RM** Die Luzerner Traufhöhe beträgt 21 Meter. Ich habe allerdings auch ein hohes Haus vorgeschlagen, das gegen das Gleisdreieck nach innen eine gewisse Magnetwirkung ausüben könnte. Die Bauherrschaft bevorzugt eine andere Variante.
**CS** Städtebau als plastische, künstlerische Angelegenheit?
**RM** Unbedingt. In der Setzung der Gevierte haben wir zahlreiche Nuancen, keine einfache Front; es ist alles gestuft. Alle Elemente in die richtige Balance zu bringen, macht extrem viel Freude. Ich kann mich ein Wochenende lang mit einer solchen Aufgabe befassen. Mir bereitet es hingegen Sorgen, dass an den Stellen, wo die Architektur nicht formuliert ist, etwas völlig Austauschbares entstehen kann, das nicht mit der Identität des Ortes vereinbar ist.
**JR** Im 19. Jahrhundert wurden Häuser mit Gliederungselementen differenziert. Heute haben wir oft sechs gleiche Normalgeschosse. Kann unter dieser Bedingung trotzdem eine gute Stadt entstehen? Wahrscheinlich ja.
**RM** Wir haben die klassische Stadt, das klassische Haus zurückhaltend, aber wahrnehmbar interpretiert: Es gibt ein überhohes Erdgeschoss – bei uns sogar doppelgeschossig –, Fassade und Dach. Das oberste Geschoss hat eine eigene Höhe. Dieser Ansatz gefällt mir: Der Sockel mit überhohem Erdgeschoss, darüber Wohnen und zuoberst wieder ein höher proportioniertes Dachgeschoss.
**CS** Das ist eine klassische Lösung.
**RM** Die Prinzipien sind Wiederholung und Gleichmass. Als begeisterter Zähringerstadt-Bewohner glaube ich an dieses Gleichmass. Natürlich sind Proportionierung und Rhythmus wichtig. Wenn sie nicht stimmen, stimmt das Ganze nicht. Es hat auch mit Tiefe zu tun, nicht nur mit Fläche.
**CS** Gibt es Idealvorstellungen für diesen langgezogenen Platz, dessen stehender, ganz schmaler Raum sich auf der anderen Seite in einen breiten, liegenden Raum verwandelt?
**RM** Bei diesem langen Platz bieten wir eine Art ruhige Eintritts- beziehungsweise Empfangskulisse an, die aber ihre Finessen hat. Wir wollen nicht einen einzigen Eingang haben, an dem alles geschieht. Wir wollen die Grundstruktur mit fünf Kernen nutzen, indem wir fünf Adressen plus die sogenannte Gleisloggia in der Verlängerung der Rösslimattstrasse realisieren. Hier öffnet sich ein zweigeschossiges Fenster auf die Gleise. Die Gleisanlagen kommen langfristig weg. Es soll ein Durchgang entstehen, damit Fussgänger und Fahrräder passieren können.
**CS** Wie sieht die städtebauliche Gesamtanlage aus?
**RM** Wir haben vier Gevierte; jedes mit einer anderen Masse und anderen Proportionen. Die

places where the architecture is not formulated something completely replaceable, which isn't compatible with the identity of the location, can arise.
**JR** In the 19th century houses were differentiated with classification elements. Today we often have six equal standard stories. Can a good city develop despite this condition? Probably yes.
**RM** We've interpreted the classic city, the classic house, in a reserved but perceptible manner: There is an extra high ground floor—in our case even two-storied—, façade and roof. The top floor has a distinct height. I like this approach: The plinth with an extra high ground floor, the living space above it, and a higher proportioned attic again at the very top.
**CS** That is a classic solution.
**RM** The principles are repetition and symmetry. As an enthusiastic resident of Zähringerstadt, I believe in this symmetry. Of course, proportioning and rhythm are important. If they don't fit, then the whole thing doesn't either. It also has to do with depth, not only with surface.
**CS** Are there ideal conceptions for this elongated plaza, whose standing, very narrow space transforms into a broad, lying space on the other side?
**RM** In this long plaza we provide a type of quiet entrance or reception setting which, however, has its fine points. We don't want to have a single entrance where everything happens. We want to use the basic structure with five cores by realizing the five addresses, plus the so-called track loggia in the extension of Rösslimattstrasse. A two-story window opens up to the tracks here. The track beds will be removed in the long-term. A corridor is to develop here so that pedestrians and bicycles can pass.
**CS** What does the overall complex look like in terms of urban planning?
**RM** We have four squares; each one with a different mass and different proportions. The complex derives from the rhythm of the city, from the logic of the roads.
**JR** Interestingly, that already functioned that way in the 19th century. Naturally, the situation cannot be compared with ideal plans like Cerdà's Barcelona. Thought in Swiss terms, there is perhaps a block that is 'normal'; all of the others are special cases. But the effectiveness of the system is based upon that: The block perimeter creates density and is geometrically adaptable.
**CS** None of the squares is equal, but all of them are similar. The four roads are respectively different, too. Does the identity of these spaces rest upon their dimensions?
**RM** Today we tend to build road spaces that are too large, too wide. We fear the narrowness. I

Anlage leitet sich aus dem Rhythmus der Stadt, aus der Logik der Strassen ab.
**JR** Interessanterweise hat das schon im 19. Jahrhundert so funktioniert. Natürlich lässt sich die Situation nicht mit Idealplänen wie Cerdàs Barcelona vergleichen. In Schweizer Verhältnissen gedacht gibt es vielleicht einen Block, der «normal» ist; alle anderen sind Spezialfälle. Aber darauf beruht die Leistungsfähigkeit des Systems: Der Blockrand erzeugt Dichte und ist geometrisch anpassungsfähig.
**CS** Keines der Gevierte ist gleich, aber alle sind ähnlich. Auch die vier Strassen sind jeweils anders. Beruht die Identität dieser Räume auf ihren Dimensionen?
**RM** Wir bauen heute tendenziell zu grosse, zu breite Strassenräume. Wir fürchten die Enge. Diese Angst teile ich nicht. Natürlich gibt es manchmal Grenzen; die Feuerwehr verlangt beispielsweise mindestens zehn Meter breite Gassen. Sicherlich ging es nicht darum, Nadelöhre zu provozieren, sondern Gemeinsamkeiten mit dem Tribschenquartier herzustellen. Strassen, Gassen und Plätze bedingen die Variation, welche sich an der Ordnung legitimiert.
**JR** Sieht man sich den Plan der Luzerner Neustadt an, so hat man auch den Eindruck, die Strassen seien alle gleich – aber das stimmt nicht! Jede ist anders, und es gibt klare Hierarchien. Die Hirschmatt- und die Pilatusstrasse sind die Hauptachsen, der Kaufmannweg ist dagegen sehr eng und von Bäumen zugewachsen. Das System lässt solche Varietäten als Qualitäten zu. Eine Gefahr liegt darin, dass eine Strasse wegen ihres Querschnitts zu einer Hintererschliessung wird, wo nur noch Container stehen, Läden nicht mehr gut laufen, Angsträume entstehen etc. Ich glaube, die Kunst besteht darin, zu differenzieren, aus der Geometrie des Ortes zu dimensionieren und zu proportionieren. Es muss nicht jede Strasse ein Aufenthaltsraum sein, aber man muss sich einigermassen angenehm und sicher bewegen können. Vielleicht entsteht ein kleiner Laden oder eine Bar. Das muss ein Strassenraum leisten können.
**CS** Wie steht es um den grossen dreieckigen Platz im Zentrum der Anlage? Wie soll er zukünftig genutzt werden?
**RM** Es gibt ihn heute bereits praktisch in der gleichen Dimension, bloss mit Gleisen, die zu einem Betonwerk führen. Die Konzession läuft 2029 aus – bis dahin rattern die Züge hier durch. Das Gelände hat Neigungen und Versprünge. Diese Nuancen tragen ihrerseits zur Qualität der Teilräume bei. Wenn einmal die Gleise aufgehoben werden, entsteht hier ein leerer, offener Raum. Hinzu kommt der wunderbare Zufall, dass der Pilatus in dieser Sichtachse steht.

don't share this fear. Of course there are limits sometimes; the fire department, for instance, calls for streets that are at least ten meters wide. It certainly wasn't about provoking bottlenecks, but to establish commonalities with the Tribschen quarter. Streets, lanes and plazas require the variation that legitimizes itself in the order.
**JR** If one looks at the plan of the Lucerne new city, one also has the impression that the streets are all the same—but that's not true! Each one is different and there are clear hierarchies. Hirschmattstrasse and Pilatusstrasse are the main axes; Kaufmannweg, on the other hand, is very narrow and overgrown with trees. The system allows for such varieties as qualities. The danger lies in the street becoming a rear access because of its cross section, where only containers stand, shops don't run well anymore, trouble spots develop, etc. I believe the whole trick is to differentiate, to dimension and proportion from the geometry of the location. Not every street has to be a space to hang around in, but one must be able to move about fairly comfortably and safely. Perhaps a small shop or a bar will crop up. A road space has to be able to accomplish that.
**CS** What about the larger triangular plaza in the middle of the complex? How is it to be used in the future?
**RM** It exists today practically in the same dimension, only with tracks that lead to a concrete factory. The concession runs out in 2029; the trains will rumble through here until then. The grounds have slopes and protrusions. These nuances, for their part, contribute to the qualities of the subspaces. Once the tracks are removed, an empty, open space will emerge here. Adding to that is the wonderful coincidence that Mount Pilatus stands in this visual axis.
**JR** In Lucerne one can look wherever one wants; one always finds interesting visual references—a gift of the location quality. Lucerne lives from the proximity to the lake, to the mountains. It is terrific that an urban development site can convey this.
**CS** I'd like to return once again to the timeframes within which the contracts will expire and the tracks will be gone. In the late 20th century that would have been the investment cycle of a building after one had begun anew. Here I sense a way of thinking in other timeframes. What is the time horizon of this city planning?
**JR** There is a short-term property owner interest, but city planners think in larger cycles. We're working in a developed area and are developing ourselves inwards. Lucerne issued a new building and zoning ordinance in 2014, which is designed for 15 to 20 years. The course for this was set here

**JR** In Luzern kann man schauen, wohin man will; man findet immer interessante Sichtbezüge – ein Geschenk der Lagequalität. Luzern lebt von der Nähe des Sees und der Berge. Es ist toll, dass eine städtebauliche Anlage dies vermitteln kann.
**CS** Ich möchte nochmals auf die Zeiträume zurückkommen, innerhalb derer die Verträge auslaufen und die Gleisanlage weg ist. Im späten 20. Jahrhundert wäre das der Investitionszyklus eines Gebäudes gewesen, nach dem man neu angefangen hätte. Hier spüre ich ein Denken in anderen Zeiträumen. Was ist der Zeithorizont dieses Städtebaus?
**JR** Es gibt ein kurzfristiges Grundeigentümerinteresse, aber Städtebauer denken in grösseren Zyklen. Wir arbeiten im bebauten Gebiet, entwickeln uns nach innen. Luzern hat 2014 eine neue Bau- und Zonenordnung erlassen, die auf 15 bis 20 Jahre ausgelegt ist. Hier wurde die Weichenstellung dafür vorgenommen, wo welche Nutzung und welche Dichte angestrebt wird. Wo zusätzliches Potenzial angeboten wird, kann unter geeigneten wirtschaftlichen Bedingungen eine städtebauliche Entwicklung angestossen werden. Wir arbeiten mit einfachen Stellhebeln.
**CS** Zeigt das Projekt einen Endzustand?
**JR** Ja, an diesem Ort. Das ist natürlich eine Eigenheit der Schweizer Stadt – beispielsweise im Vergleich zu den Metropolen. Die Grundbedingungen im Schweizer Städtebau sind der Bruch, der Wechsel, die Vielfalt. Unser Denken lässt viel zu; es ist spannend, aber auch anspruchsvoll, weil wir spezifisch reagieren müssen. Wir pflegen eher arealweise, lokale Betrachtungen und fördern partielle Entwicklungen. In der Rösslimatt ist einerseits ein Stadtkörper da, der ausreichend Kraft hat, andererseits ist das Areal so klein, dass es im Stadtzentrum nicht als etwas komplett anderes auftreten muss als der Bestand. Dein Projekt hat den Punkt dahingehend am besten getroffen, das Bestehende mit aller Selbstverständlichkeit weiterzuentwickeln.

as far as which usage and which density will be sought. Where additional potential will be provided, urban development can, under the appropriate economic conditions, be given a push. We're working with simple switch levers.
**CS** Does the project show an end state?
**JR** Yes, at this location. That is, of course, a peculiarity of the Swiss city—in comparison to other metropolises, for example. The basic conditions in Swiss urban planning are the breach, the change, the variety. Our thinking lets a lot happen; it is exciting, but also demanding, because we have to react specifically. We maintain rather area-wise, local considerations and promote partial developments. In Rösslimatt, on the one hand, an urban corpus that has sufficient force is there; on the other hand, the area is so small that nothing other than something completely different than the existing structure has to arise in the city center. Your project has best hit the point to that effect to further develop the building fabric with all implicitness.

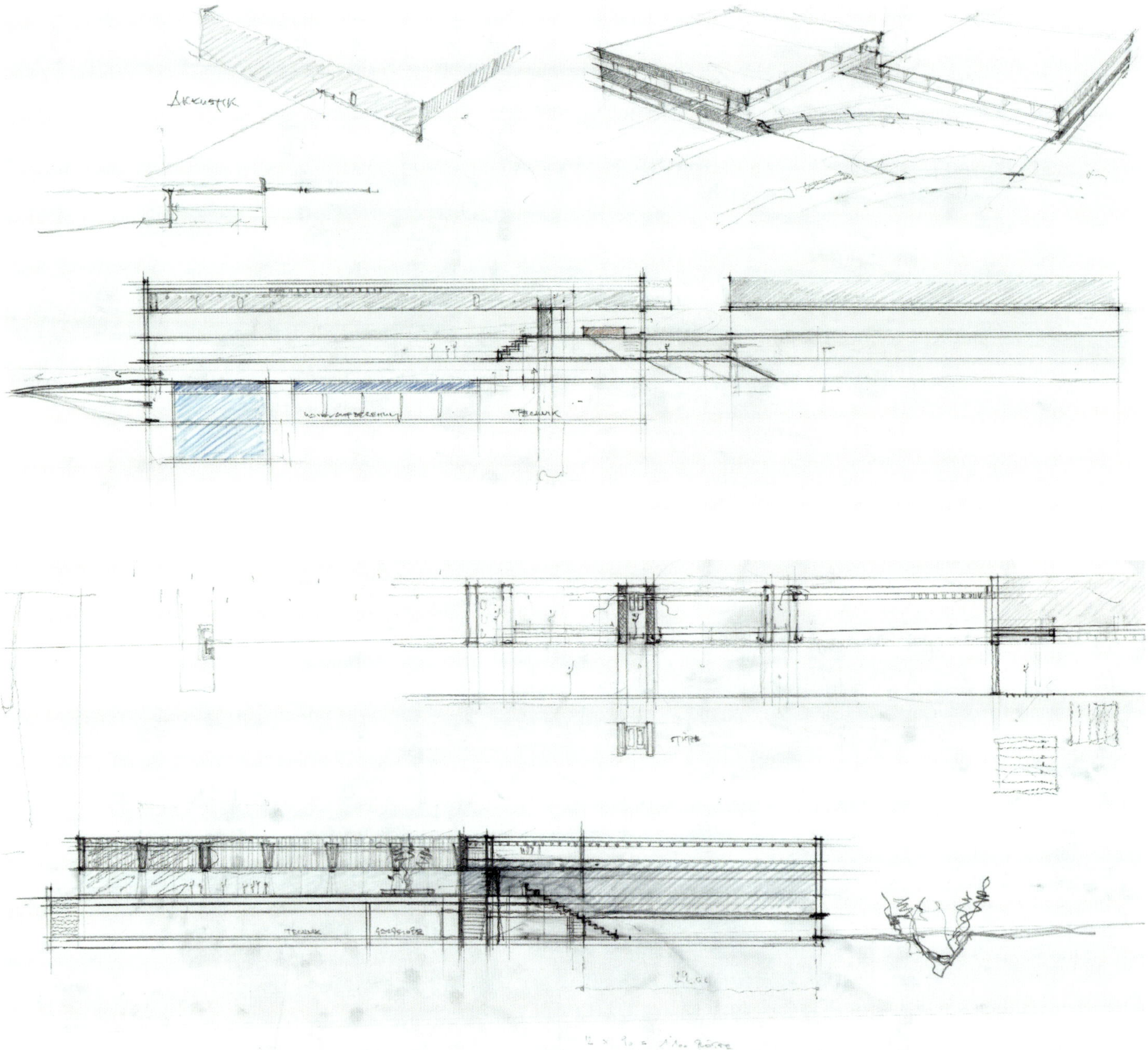

Campus Sursee, Schwimm- und Sporthalle
**Campus Sursee, Natatorium and Sports Hall**
Bauherrschaft Builder
Stiftung Campus Sursee
Bauingenieur Construction Engineer
Schnetzer Puskas Ingenieure AG, Basel/Bern
Wettbewerb Competition 2014
Ausführung Execution 2016–2018

In der Umgebung der in den 1940er-Jahren konzipierten Maurerlehrhallen im Westen der Stadt Sursee, Kanton Luzern, hat sich ab 1972 der Campus Sursee entwickelt. Er ist heute das grösste Bildungs- und Seminarzentrum der Schweiz zur Förderung der Berufsbildung in der Schweizer Bauwirtschaft. Die Anlage wird nun um eine Schwimm- und Sporthalle erweitert, um den Campus auch für Sportanlässe nutzen zu können. Mit zehn 50-Meter Bahnen und Tauch- und Ausbildungsbecken sowie einer Dreifachsporthalle erhält der Campus einen neuen Nutzungsschwerpunkt.

Die Anlage besteht aus zwei grosszügig dimensionierten Hallen. Die leicht zueinander versetzten, räumlich getrennten Volumen formen im Verbund mit der bestehenden, zur Strasse hin vorgelagerten Parkierungsanlage einen dreieckigen, wohlproportionierten sowie ruhigen Platz. Dieser geht in die angrenzenden Freizeit- und Aussenanlagen über und lässt einen weiten Blick in die Landschaft zu. Die klaren Formen und robusten Materialien, die hier zum Einsatz kommen, werden in der Umgebung von Bänken und gliedernden Trittstufen aufgenommen.

Je nach Anforderung sind die Schwimm- und die Sporthalle sowohl separat als auch gemeinsam nutzbar, womit das Durchführen von Grossveranstaltungen begünstigt wird. Die Schwimmhalle fasst 700 Personen, liesse sich aber auf 1500 Plätze ausbauen. Die Sporthalle fasst 300 Plätze. Die weitgehend vorgefertigte Primärkonstruktion ist als Dachtragwerk ausgebildet und besteht aus vorgespannten Balken mit einer Spannweite von bis zu vierzig Meter.

Die kompakte Erscheinung der Hallen ist Ausdruck einer auf das Notwendigste beschränkten Gebäudestruktur. Drei Aspekte bestimmen das architektonische Konzept: eine klare und übersichtliche Wegführung, die konsequente Trennung von öffentlichen und betrieblichen Raumgruppen und der direkte Zugang zu allen Räumen.

Alle Materialien sind auf Sicht bearbeitet; Einbauten und Verkleidungen in Naturholz ergeben im Zusammenspiel mit dem Beton einen gut abgestimmten Farbklang. Im Sockelbereich – zwischen den grossen Zwillingsstützen – wird die Betonoberfläche geschliffen, was die öffentliche Funktion des Baus vornehm unterstreicht.

Die verschiedenen Ebenen der Anlage sind mannigfach mit der Topografie der Umgebung verbunden. Immer ist ein direkter Sichtbezug von innen in die Landschaft gewährleistet. Grosse Zwillingsträger strukturieren und gliedern die Innenräume. Ihr Zwischenraum nimmt alle Installationen für Lüftung, Beleuchtung und Beschallung auf.

Beide Hallen zeigen architektonisch dieselbe Konstruktion und dasselbe Erscheinungsbild, woraus maximale Vereinheitlichung und Harmonie resultiert.

Near the Maurerlehrhallen, built in the 1940s for training bricklayers and located in the west of the city of Sursee in the Canton of Lucerne, the Campus Sursee has been growing since 1972. Today it is Switzerland's largest training and seminar center for the promotion of vocational training in the Swiss construction industry. The complex is now being expanded by a natatorium and sports hall in order to be able to use the Campus for sports events, too. With ten 50-meter swim lanes and diving and training basins, as well as a triple-purpose sports hall, the Campus is receiving a new utilization focus.

The facility consists of two spaciously dimensioned halls. Slightly offset to one another, the spatially separated volumes, together with the parking complex placed in front towards the street, form a triangular, well-proportioned and quiet plaza. This transitions into the adjacent recreation and outdoor areas and allows a sweeping view into the landscape. The clear shapes and robust materials used are taken up in the surroundings by benches and structured steps.

Depending on the requirement, the natatorium and the sports hall can be used separately as well as together, thus facilitating the execution of large events. The natatorium holds 700 spectators, but can be expanded to seat 1,500. The sports hall accommodates 300 people. Precast to a large extent, the primary construction is designed as a roof support structure and consists of pre-stressed beams with a span length of up to 40 meters.

The compact appearance of the halls is the expression of a building structure pared down to the necessities. Three aspects determine the architectural concept: a clear and lucid circulation path, the consequent separation of public and commercial room groups, and the direct access to all spaces.

All materials are processed with visual appeal in mind; fittings and claddings in natural wood produce a well-coordinated color tone in the interplay with the concrete. In the plinth area—between the large twin struts—the concrete surface is smoothed, which elegantly emphasizes the public function of the building.

The various levels of the complex are diversely connected to the topography of the surroundings. A direct visual reference from the interior out into the landscape is always guaranteed. Large double girders structure and order the internal spaces. All of the installations for ventilation, lighting and the public address system are taken up in their interstice.

Both halls architectonically display the same construction and the same visual appearance, resulting in maximum unification and harmony.

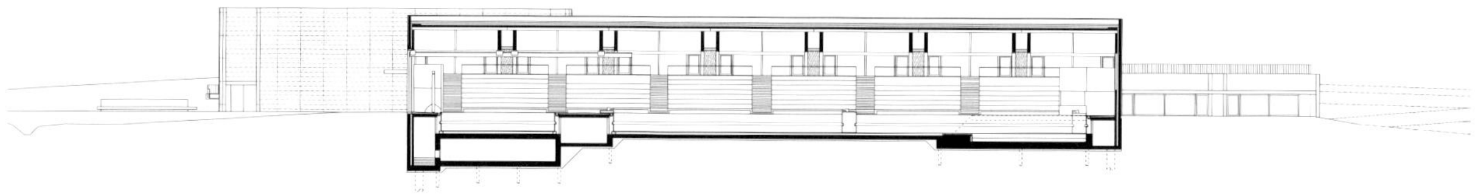

Längsschnitt Schwimmhalle  Longitudinal section of the natatorium

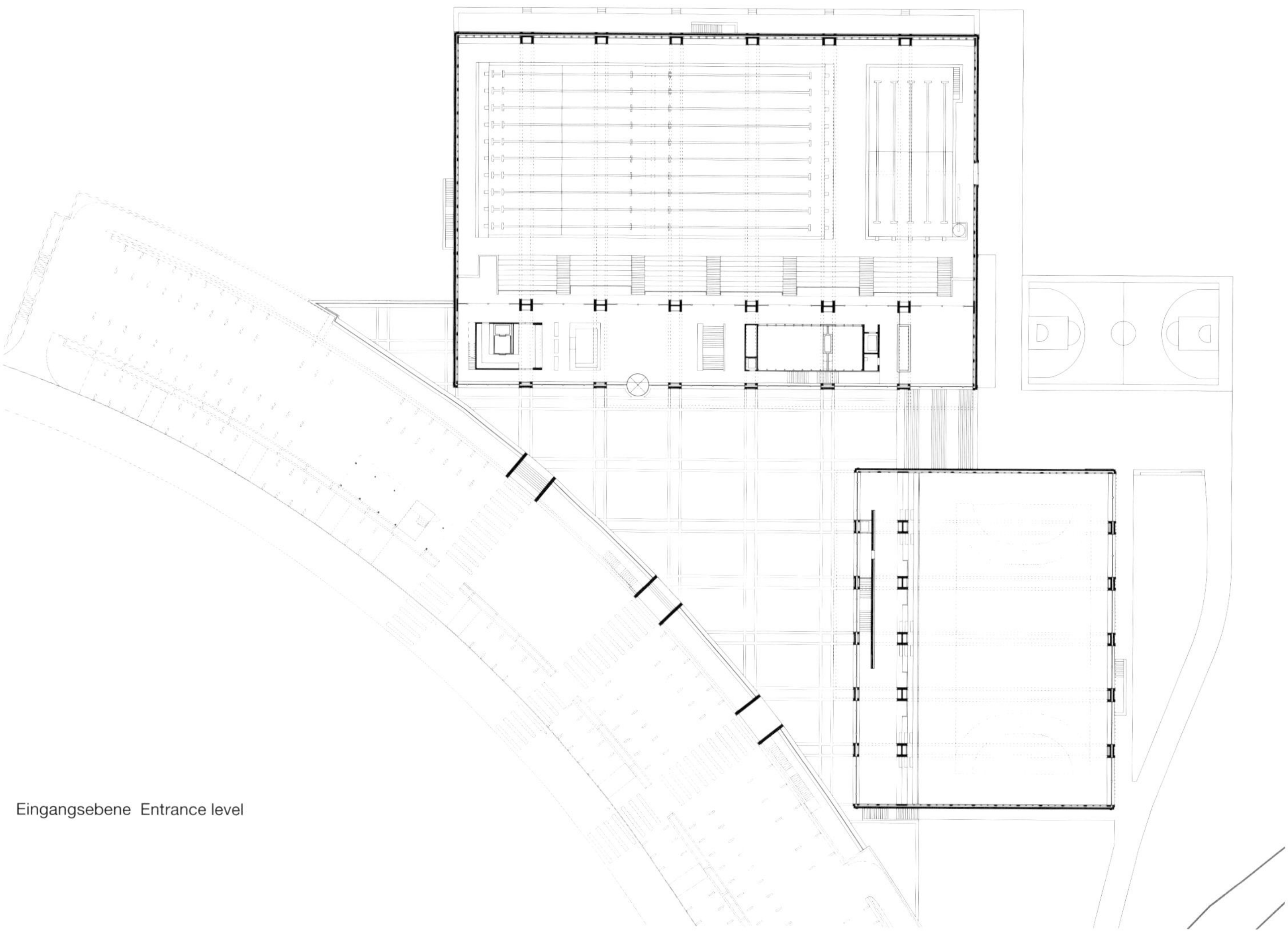

Eingangsebene  Entrance level

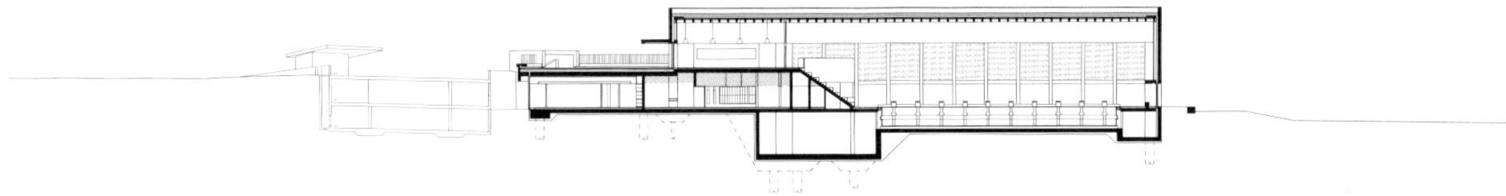

Querschnitt Schwimmhalle  Cross section of the natatorium



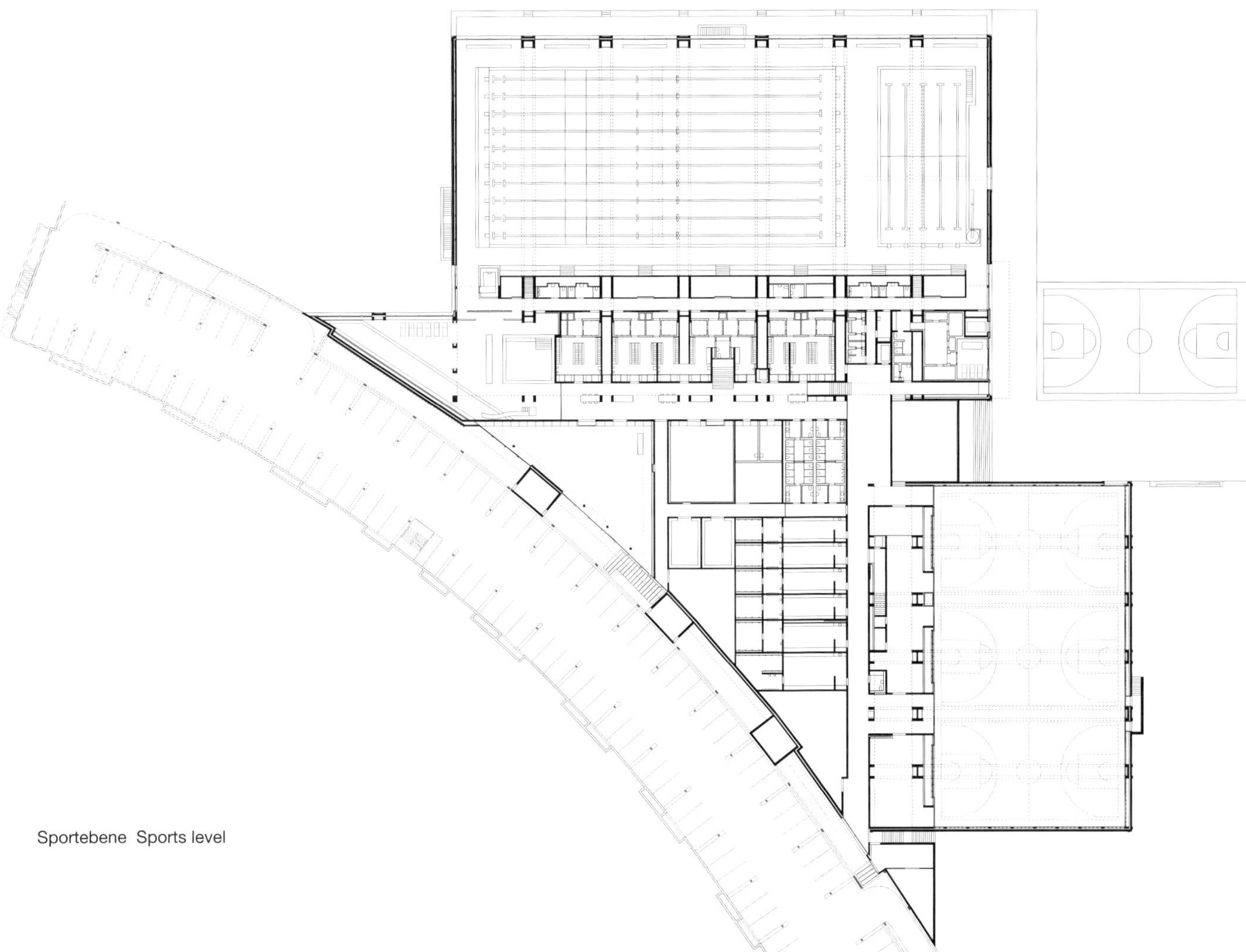

Sportebene  Sports level

25

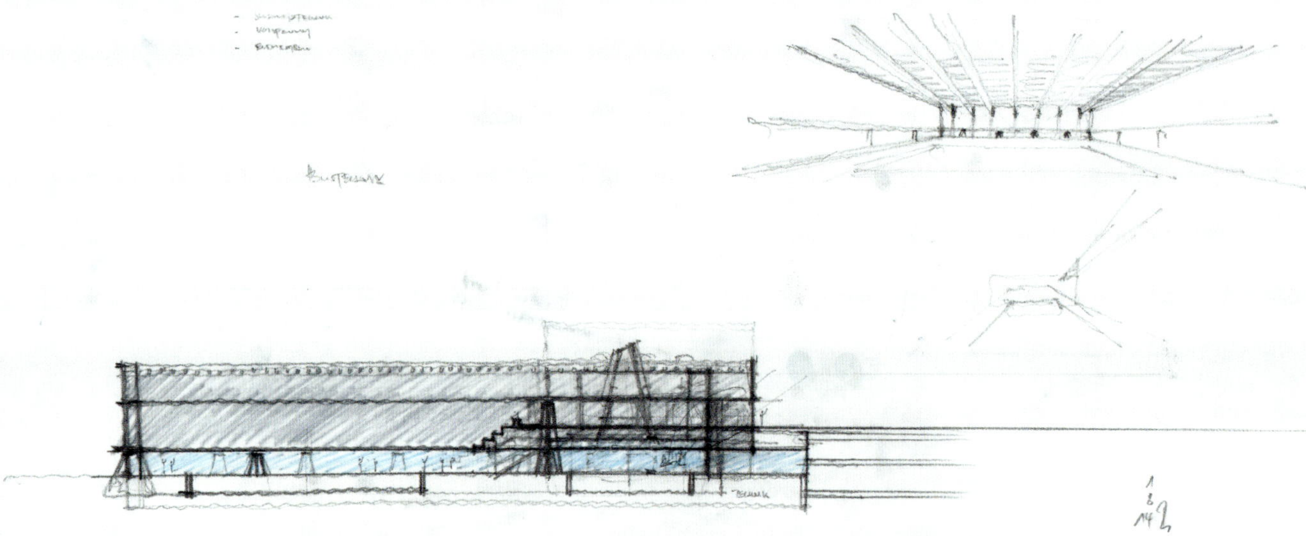

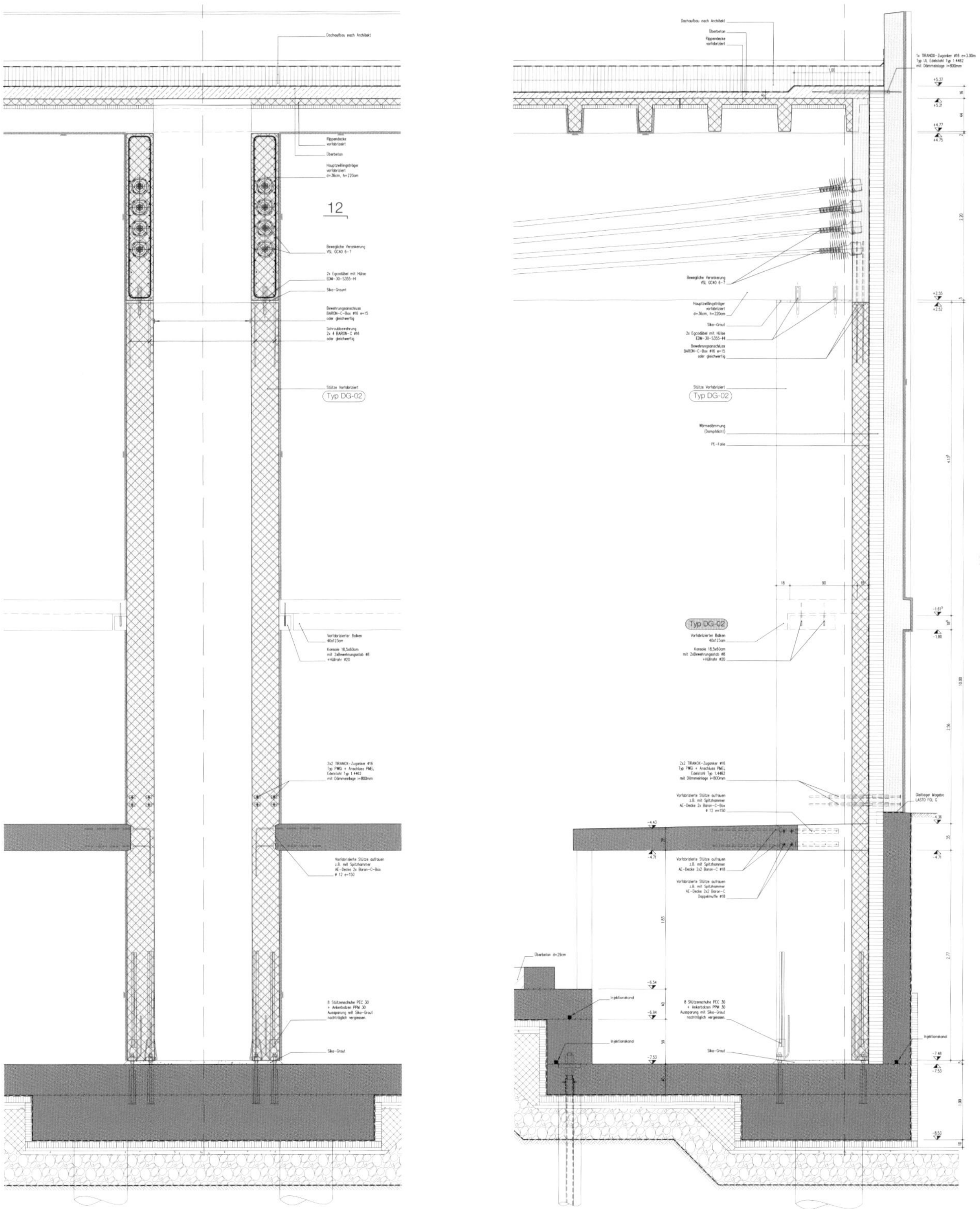


Detailschnitt Zwillingsträger Detail section of the twin girders

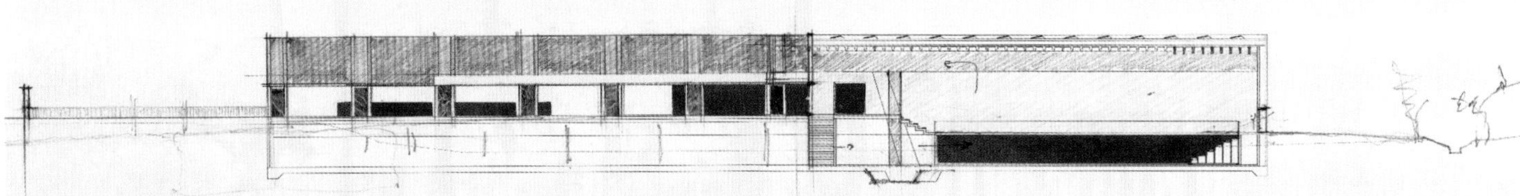



Studie Struktur, Fassade, Materialisierung

Study of the structure, façade, materialization

die tragstruktur in sursee lässt sich nicht über ihre schönheit, sondern über funktionalität, langlebigkeit, baulogistik etc. begründen. ziel ist aber das schöne.

the supporting structure in sursee cannot be justified through its beauty, but through functionality, longevity, building logistics, etc. but beauty is the goal.

**Architekt und Ingenieur**
Tivadar Puskas, Rolf Mühlethaler und Christoph Schläppi im Gespräch

**Christoph Schläppi** Ihr baut gemeinsam den Campus Sursee, eine kombinierte Schwimm- und Sporthalle. Was sind aus Sicht des Ingenieurs die besonderen Herausforderungen dieses Projekts?
**Tivadar Puskas** Einerseits die Hauptspannweite des Tragwerks von vierzig Metern mit einem zwölf Meter weit gespannten balancierenden Kragarm und andererseits der Anspruch, Struktur und Raum zu einem Ganzen zu fügen. Weitere Herausforderungen liegen im Bauprozess und im engen Terminraster.
Ein grosser Teil des Gebäudes muss vorgefertigt werden, und mit den Trägern loten wir die Grenzen der Vorfabrikation aus. Sie sind so gross und schwer, dass sie nicht am Stück geliefert werden können. Daher werden sie in drei Teilen antransportiert, abgespriesst, die Fugen ausbetoniert und schliesslich mit der Vorspannung kraftschlüssig verbunden. Die Schnittstellen müssen dabei an den statisch neutralen Stellen liegen.
**Rolf Mühlethaler** Das Tragwerk steht in enger Beziehung zur Raumidee, die darin bestand, einen Raum zu erzeugen, der sich stützenfrei über das Wasserbecken und die Tribüne spannt. Dies bedingt die enorme Spannweite. Die massive Konstruktion erstreckt sich bis über das Foyer hinaus. Dies bewirkt, dass der Raum und das Tragwerk von Fassade zu Fassade wirksam sind. Die vorgespannten Träger sind 2,2 Meter hoch. Zwischen den paarig angeordneten Trägern entsteht jeweils ein begehbarer Steg für Haustechnik und Medien. Etwa bei einem Viertel der überspannten Gebäudetiefe befindet sich eine Stütze, die wie der Träger Haustechnik und Medien aufnimmt. Damit wollen wir vermeiden, dass an allen möglichen Stellen irgendwelche Installationen angebracht werden müssen. So ist es beispielsweise möglich, ohne grossen Aufwand über den Wasserbecken eine Lampe zu ersetzen. Es handelt sich also bei der Konstruktion um eine reine Struktur, die alles berücksichtigt. Diese einfache Lösung ist der engen Zusammenarbeit zwischen Ingenieur und Architekt zu verdanken. Sie ist strukturprägend, raumprägend und dadurch architekturprägend.
**TP** Natürlich wären günstigere und auch bewährte Lösungen in Holzbauweise oder als Stahlfachwerke denkbar. Aber eine solche Lösung würde materiell nicht in dem Mass den Baumeisterverband repräsentieren wie die mineralische Konstruktion, die wir vorgeschlagen haben. Im Wettbewerb haben wir versucht, mit unserem Entwurf eine Art konstruktiver Intelligenz zu entwickeln. Selbstverständlich wollten wir auch die Grenzen des Materials Beton

**Architect and Engineer**
Tivadar Puskas, Rolf Mühlethaler and Christoph Schläppi in Conversation

**Christoph Schläppi** Together you are building the Campus Sursee, a combined indoor swimming pool and sports hall. From the engineer's point of view, what are the special challenges of this project?
**Tivadar Puskas** On the one hand, the 40-meter main span length of the supporting structure with a twelve-meter-wide spanned balancing cantilever arm and, on the other hand, the aspiration to join the structure and space into a whole. Further challenges lie in the construction process and in the tight schedule.
A large part of the building has to be precast, and we are sounding out the limits of pre-casting with the girders. They are so big and heavy that they can't be delivered as one component. Therefore, they will be transported in three pieces, strutted, the joints lined with concrete and finally force-fitted with pre-stressing. The interfaces have to lie on statically neutral spots.
**Rolf Mühlethaler** The supporting structure stands in close relationship to the spatial concept, which entailed creating a space that spans over the pool basin and the grandstand without supports. This requires the enormous span length. The solid construction stretches beyond the foyer. This causes the space and the supporting structure to be effective from façade to façade. The pre-stressed girders are 2.2 meters high. Between the girders, which are arranged in pairs, a catwalk for building services and media respectively emerges. Located at around a quarter of the spanned building depth is a strut that, like the girders, incorporates building services and media. We want to thereby avoid having to attach any installations at all possible places. So it is possible, for example, to replace a lamp above the pool basin without great effort. The construction is thus a pure structure that takes everything into consideration. This simple solution is due to close cooperation between the engineer and the architect. It defines the structure, the space and, as a result, the architecture.
**TP** Naturally, cheaper and also well-proven solutions in timber construction or as steel lattice formwork would be conceivable. But such a solution would not materially represent the Master Builders' Association to the extent like the mineral construction we proposed. In the competition we tried to develop a type of constructive intelligence with our design. Of course, we also wanted to explore the limits of the material of concrete, respectively, of pre-casting. Therefore, the ribbed

beziehungsweise der Vorfabrikation ausloten. So werden auch die Rippenplatten des Daches vorgefertigt, die circa zehn Meter über den Hallen als Dach auf die Primärkonstruktion aufgelegt werden. Die Materialisierung war uns wichtig: Sie sollte mineralisch sein, nicht aus Blech. Wir haben bewusst auf hybride Lösungen verzichtet.
Heute sind wir Konstruktionen gewöhnt, die riesig und haltbar sind und über die wir nicht nachdenken müssen. Hier haben wir gleichsam ein Haus, das den Anspruch hat, sich selbst zu erklären. Das Resultat ist eine didaktische und auch sehr einfache Konstruktion mit einer Primär- und einer Sekundärstruktur. Die Schönheit des Hauses resultiert aus Rhythmus und Proportion, aus Schlichtheit und Selbstverständlichkeit.

**RM** Der Rückenschwimmer hat eine schöne Sicht auf die Decke, die Konstruktion; er folgt den Linien des sekundären Tragwerks. Die Sporthalle, der kleine Bruder der Schwimmhalle, ist ebenso konstruiert: Spannweite und Dimensionierung sind auf die dortigen Anforderungen heruntergebrochen. Der Gedanke der Asymmetrie des Primärsystems ist identisch und auch hier dem Raumfluss verpflichtet. Man betritt das Gebäude über den Dreiecksplatz. Nach der offenen, durchlässigen Eingangszone sieht man über die Tribüne hinunter auf die riesige Wasserfläche mit einem 50-Meter- und einem 25-Meter-Becken. Auch beim Betreten der Sporthalle sieht man von oben sofort direkt in die Halle hinunter. Das ist ein klassisches Prinzip des Sporthallenbaus.

**TP** Der Platz wurde vom Landschaftsarchitekten so gestaltet, dass er die Struktur des Tragwerks, die Ordnung der Hauptträger wiedergibt. Diese Struktur ist als grüne Intarsie im Platz eingelegt. Wir haben versucht, die Struktur auch aussen an der Fassade ablesbar zu machen.

**RM** Die Längsfassaden besitzen eine leichte Profilierung im Rhythmus der Träger. An den Seitenfassaden hat es dort, wo Öffnungen sind, leichte Ausnahmen, ansonsten sind sie flächig. Die Struktur wirkt moderat und bescheiden, aber wird spürbar nach aussen getragen. Wir verzichten auch auf Verkleidungen. Im Untergeschoss wird die Haustechnik offen gezeigt, aber die Struktur ist hier ebenfalls direkt lesbar.

**CS** Wie ist eure Aufgabenteilung? Rolf, du hast einmal erzählt, dass, wenn ihr zusammenarbeitet, du über Struktur und Statik sprichst und Tibi [Kurzform von Tivadar] über Architektur.

**RM** Ja, Tibi ist nicht bloss der Rechner. Er ist ein Partner, der bis zum Kontakt mit der Bauherrschaft den ganzen Weg mit mir geht und alles mitbeeinflusst. Es gibt wenige Ingenieure in der Schweiz, die so arbeiten und sich mit Leidenschaft in die Architektur begeben.

plates of the roof, which will be placed onto the primary construction about ten meters above the hall as a roof, will also be precast. The materialization was important for us: It was to be mineral, not made of metal plate. We have consciously abstained from hybrid solutions.
Today we are used to constructions that are huge and durable and which we don't have to ponder over. Here at the same time we have a house that has the aspiration of explaining itself. The result is a didactic and also very simple construction with a primary and secondary structure.
The beauty of the house results from rhythm and proportion, from simplicity and implicitness.

**RM** The backstroke swimmer has a beautiful view to the ceiling, to the construction; he follows the lines of the secondary supporting structure. The sports hall, the little brother of the natatorium, is likewise constructed: the span length and dimensioning are broken down to the requirements there. The concept of the asymmetry of the primary system is identical and also indebted to the spatial flow here. One enters the building through the triangular plaza. After the open, permeable entrance zone, one looks over the grandstand down to the giant water surface with a 50-meter and a 25-meter basin. When entering the sports hall, one also immediately sees directly down into the hall from above. That is a classic principle of sports hall construction.

**TP** The plaza was designed by the landscape architect so that it reflects the structure of the supporting frame, the order of the main girders. This structure is laid in the plaza as a green inlay. We've attempted to make the structure readable outside on the façade as well.

**RM** The longitudinal façades feature a slight profiling in the rhythm of the girders. On the lateral façades there are slight exceptions where openings are; otherwise they are flat. The structure has a moderate and modest effect, but is noticeably carried outwards. We also do without cladding. The building services are openly shown in the basement, but the structure is also directly readable here.

**CS** How do you divide your tasks? Rolf, you once explained that if you work together, you talk about structure and structural engineering, and Tibi [diminutive of Tivadar] talks about architecture.

**RM** Yes, Tibi is not simply the calculator. He is a partner who goes the whole way with me, up to the contact with the builder, and co-influences everything. There are few engineers in Switzerland who work in this manner and betake to architecture with passion.

**TP** To understand what the other does is an important foundation of our teamwork. For me

**TP** Zu verstehen, was der andere tut, ist eine wichtige Grundlage unserer Zusammenarbeit. Für mich heisst dies im Raum, in Bildern, in Sichtbeziehungen zu denken. Natürlich weiss ich, wie die Träger dimensioniert sein müssen, wie die Ankerköpfe und die Spreizarmierungen aussehen sollten. Das ist das Handwerk; die Pflicht des Ingenieurs. Die Kür hingegen ist der Entwurf. In diesem Beispiel sprechen wir von Trägern, in einem anderen Entwurf von einer flachen Decke, umlaufenden Balkonen, einer filigranen Struktur. Bei mir fing diese Denkweise im Studium zufällig an, weil ich mit Architekten in einer WG lebte. Damals schielten die Ingenieure an Hochschulen und Fachhochschulen immer komisch zu den Architekten hinüber. An den Hochschulen wird im Ingenieurwesen der Schwerpunkt immer noch stark auf die Berechnung gelegt. Sie ist zweifellos eminent wichtig für Mechanik, Statik und Materialtechnologie, aber es mangelt immer noch an einer Ausbildung im Entwurf. Beim Stichwort «integrale Ausbildung» denke ich an Modelle, anhand derer man in den ersten vier Semestern auch etwas über Städtebau, Kulturgeschichte, die Grundlagen des Entwurfs hören sollte. Das wäre ein guter Nährboden für eine spätere Zusammenarbeit.
**RM** Das beruht auf Gegenseitigkeit. In der Architekturausbildung ist das Verständnis für die Bedeutung des Ingenieurs im Kunstbau wenig existent. Ich bin der Meinung, dass dies ein Architekturthema ist, ebenso wie Ingenieure etwas über Architekturgeschichte, Städtebau etc. wissen sollten. Wir sind auf dem besten Weg, unser Metier in Einzelteile zu pulverisieren. Wir sind zunehmend nicht mehr in der Lage, die Dinge zusammenzubringen. Man versteht sich kaum mehr; jeder macht seinen Job in ganz engen Grenzen, ohne ganzheitliches Denken.
**CS** Wie war es in diesem Entwurf? Wie ist beispielsweise die Idee der Kragkörper entstanden?
**RM** Die Grundidee für einen Betonbau kam von Tibi. Ich bin eigentlich ein Stahl- und Holzbauer und denke in filigranen Strukturen – besonders, wenn es um grosse Spannweiten geht. Tibi wies bereits bei den ersten Besprechungen darauf hin, dass wir für den Baumeisterverband arbeiten. Ich konnte mir das zu Beginn noch nicht vorstellen: die Wucht und Masse dieser Tragkonstruktion.
**TP** Man interessiert sich für eine Kultur, assoziiert über das Gegenüber, das einen Wettbewerb ausschreibt. Warum dieser Aufwand? Man könnte ja auch den Auftrag an einen Totalunternehmer vergeben. Unser Ziel ist aber ein Entwurf, der dem Auftraggeber gerecht wird. Das Projekt ist ein Lehrstück für das, was der Baumeister kann. Mit der Hülle, der Struktur kann er zeigen, welche Qualitäten die Schweizer Baumeister haben. Wir

that means to think in space, in images, in visual references. Naturally I know how the girders have to be dimensioned, how the anchor heads and the expansion reinforcements should look. That is the skilled craft; the duty of the engineer. The pièce de résistance, however, is the design. In this example we are speaking of girders, in another design of a flat slab, circumferential balconies, a filigree structure. This way of thinking began coincidentally during my studies, because I lived with architects in a shared apartment. Back then the engineers at the universities and universities of applied sciences always leered strangely at the architects. At universities the emphasis in engineering is still strongly placed on calculation. Without a doubt it is eminently important for mechanics, structural engineering and material technology. But there is still a lack of training in design. When it comes to the term 'integral education' I think of models with whose help one should also hear something about urban planning, cultural history and the fundamentals of design in the first four semesters. That would be a good breeding ground for later collaboration.
**RM** That is based on reciprocity. In architectural education the understanding for the meaning of the engineer in civil engineering construction is less existent. I'm of the opinion that this is an architectural theme, just like engineers should know something about architectural history, urban planning, etc. We are on the best path towards pulverizing our profession into individual parts. We are increasingly no longer able to bring the things together. One hardly understands oneself anymore; everyone does his job in very narrow borders, without holistic thinking.
**CS** How was it in this design? How did the idea of the cantilever, for instance, arise?
**RM** The basic idea for a concrete structure came from Tibi. I'm actually a steel and timber constructor and think in filigree structures—especially if it has to do with big span lengths. Tibi already pointed out in the initial meetings that we work for the Master Builders' Association. I couldn't imagine that yet at the beginning: the bulk and the mass of this supporting structure.
**TP** One is interested in a culture, associated through the counterpart who is tendering a competition. Why all this effort? One could also award the contract to a full-service general contractor. Our goal, however, is a design that satisfies the client. The project is a lesson for what the master builder can do. With the cover, the structure, he can show which qualities the Swiss master builders have. We are still building in Switzerland like the way we make watches. Everything thought out to the last detail; every pipe is in the right place.

bauen in der Schweiz noch immer so, wie wir Uhren machen. Alles ist bis ins Letzte durchdacht, jedes Rohr ist am richtigen Platz. Das «Taschenmesserimage» der Schweiz beruht auch auf einer Idee von Baukultur, die wir verfolgen. Unsere Ressource ist die Neugierde auf Neues, ohne das Gute, Bewährte aus den Augen zu verlieren. Die Energie ist in den Köpfen. Wir müssen schauen, dass wir in Forschung und Entwicklung nicht daran sparen, denn hier kann die Schweiz im globalen Kontext einen Beitrag leisten.

**RM** Die Tragstruktur in Sursee lässt sich nicht über ihre Schönheit, sondern über Funktionalität, Langlebigkeit, Baulogistik etc. begründen. Ziel ist aber das Schöne.

**TP** Primär war es die Funktionalität des balancierten Balkens mit einem Kragarm, sekundär die Wirtschaftlichkeit, tertiär die Materialisierung, was in den Entscheidungsgremien dann eine Rolle gespielt hat – insofern, als die Baumeister ein Haus wollten, das sie selbst bauen konnten. Dieses Argument ist nach langen Diskussionen verstanden worden. Heute gibt es Modetrends, wo totale Materialhybride mit einem Betontisch, einem Stahldach und Holzdecken dazwischen gebaut werden. Dem wollten wir uns nicht unterziehen, sondern eine zeitlose Interpretation von dem, was heute möglich ist, vornehmen. Den Trends zu folgen ist nicht unser Ding. Die Gebäude haben den Anspruch, hundert Jahre zu überstehen.
Natürlich haben wir uns auch mit den Korrosionsgefahren, die sich durch das mit Chlor durchsetzte Innenklima ergeben, auseinandergesetzt. Deshalb haben wir beispielsweise nichts aufgehängt, sondern alles gestellt. Dem korrosiven Umfeld begegnen wir ausserdem mit Edelstahl der Werkstoffgruppe 1.4529 mit einem erhöhten Molybdängehalt. Der Beton hat nicht zuletzt dank der Vorfertigung eine sehr hohe Festigkeit. Die Vorspannung komprimiert den Beton so stark, dass nur sehr kleine Risse entstehen. Wir haben auch auf die Betonüberdeckung geachtet. Sie beträgt heute an die vierzig Millimeter – das Doppelte im Vergleich zu dem, was in den 1960er-Jahren üblich war.

**CS** Das Haus entspringt einer Denkweise, die einen gewissen Aufwand akzeptiert. Gegenüber dem Billigsten stehen dadurch Mehrkosten zu Buche, aber die Struktur stiftet über die Amortisation hinaus langfristig Permanenz.

**RM** Wir sind als Generalplanerteam gemeinsam für den Bau verantwortlich. Das hat den Vorteil, dass wir gegenüber der Bauherrschaft und dem Generalunternehmer mit unserem gebündelten Wissen auftreten und unsere Vorschläge fundierter und differenzierter begründen können. Unserem Gegenüber sind unsere Argumente besser und

The 'pocket knife image' of Switzerland is also based on an ideal of building culture that we pursue. Our resource is the curiosity for new things, without losing sight of the good, the proven. The energy is in the minds. We have to see that we don't skimp on research and development, because Switzerland can contribute in a global context here.

**RM** The supporting structure in Sursee cannot be justified through its beauty, but through functionality, longevity, building logistics, etc. But beauty is the goal.

**TP** It was primarily the functionality of the balanced beam with a cantilever arm, secondarily the cost effectiveness, thirdly the materialization, which then played a role in the decision-making bodies—to the extent that the master builders wanted a house they could build themselves. This argument was finally understood after long discussions. Today there are fashion trends where total material hybrids with a concrete table, a steel roof and wood ceilings are built in between. We didn't want to submit ourselves to that, but rather prefer a timeless interpretation of what is possible today. Following the trends is not our thing. The buildings have the aspiration to survive one hundred years.
We also dealt, of course, with the corrosion risks that arise from an indoor climate interspersed with chlorine. That's why we didn't suspend anything, for instance, but placed everything. Besides, we counter the corrosive environment with stainless steel from the material group 1.4529 with increased molybdenum content. Thanks not least to the pre-casting, the concrete has a very high solidity. The pre-stressing compressed the concrete so strongly that only very small cracks developed. We also paid attention to the concrete covering. Today it amounts to about 40 millimeters—double in comparison to what was usual in the 1960s.

**CS** The building originates from a way of thinking that accepts a certain effort. Additional costs arise as a consequence, compared to the cheapest, but the structure brings about a long-term permanence beyond the amortization.

**RM** As a general planning team, we are mutually responsible for the construction. That has the advantage that we can present our focused knowledge to the builders and the general contractors and can reason our proposals in a more well-founded and differentiated way. Our arguments are better and more clearly comprehensible to our counterparts; that's also why the builders are prepared to respond to our themes.

**RM** This understanding also helps us to be able to ultimately build the seamless exposed concrete façade according to the competition

klarer verständlich; auch deshalb ist die Bauherrschaft bereit, auf unsere Themen einzugehen.
**RM** Dieses Verständnis hilft auch, nach dem Wettbewerbsprojekt letztlich die fugenlose Sichtbetonfassade bauen zu können. Mit dem Fassadenaufbau hängen so viele Überlegungen zu Sicherheit, Bauphysik, Baustruktur und Akustik zusammen, dass es schwerfällt, Einzelteile infrage zu stellen. Die Ausschreibungspläne sind praktisch Ausführungspläne; darauf ausgelegt, Verständnis und Vertrauen in das Projekt zu stiften.
**CS** Wollen wir noch über die Rösslimatt in Luzern sprechen? Was war hier der Grundgedanke?
**RM** Es sollte ein grosses Stadthaus im besten Sinn entstehen, das jede denkbare Nutzung aufnehmen kann: Büro, Dienstleistung, Läden, Gewerbe, Schule, Wohnen. Dies setzt ausreichende Raumhöhen und Spannweiten voraus. Es braucht dafür zudem Erschliessungssysteme, Kerne, Entfluchtungen – so kompakt und klug wie möglich. Das Gebäude besteht letztlich aus fünf Kernen und ringsum einer Struktur mit grossen, wenn auch im Verhältnis zu den Deckenstärken vernünftigen Spannweiten. Um die Flexibilität so hoch wie möglich zu halten und die Kerne auf ein absolutes Minimum zu beschränken, entstand die Idee, Fluchtbalkone vorzusehen. Sie schützen die Holzfassaden vor der Witterung und dienen der Entfluchtung und dem Unterhalt.
**TP** Im Wettbewerb haben wir an der städtebaulichen Figur und der Setzung der Volumen gearbeitet. Das Tragwerk des nutzungsflexiblen Skelettbaus wurde später konzipiert. Eine wichtige Rahmenbedingung ist die Gleisnähe. Die Vibrationen der Züge erzeugen über Körperschall eine Resonanz. Um die Eigenfrequenz der Decken zu erhöhen, hätten wir sie entweder wesentlich dicker machen oder die Spannweite reduzieren können. Wir haben uns aus Gründen der Wirtschaftlichkeit für Letzteres entschieden. Zur Reduktion des Gewichts bauen wir Hohlkörperdecken, die 15 bis 20 Prozent des Eigengewichts einsparen. Dies entlastet die Pfählungen unter den Kernen und Stützen. Die äusseren Stützen tragen nur die leichten Betonbalkone. Ihre Struktur soll das Tragverhalten der Balkonplatten zum Ausdruck bringen. Die Kassettierung symbolisiert die Tragwirkung. Sichtbar sind die diagonal gespannten Unterzüge, welche eine dünnere Platte ermöglichen.
Im Rahmen des Vorprojekts stellte sich der Baugrund mit den erforderlichen Sicherungen der Baugrube und der Wasserhaltung als eine nicht zu unterschätzende Herausforderung heraus. Der Grundwasserspiegel liegt praktisch auf Terrainhöhe. Wir bauen also gewissermassen ein Schiff. Der Boden besteht aus Überschwemmungs-

project. So many considerations about the safety, structural physics, building structure and acoustics are linked to the façade construction that it is difficult to call individual components into question. The tender plans are practically the execution plans, designed to create understanding and trust in the project.
**CS** Do we still want to talk about Rösslimatt in Lucerne? What was your basic thought here?
**RM** A large townhouse in the best sense should emerge; one that can take up any conceivable usage: office, service, shops, trade, school, residential living. This requires adequate ceiling heights and span lengths. It moreover needs circulation systems, cores, evacuation possibilities—as compact and clever as possible. The building ultimately consists of five cores and a structure on all sides with large span lengths that are also rational in relation to the slab thicknesses. And to keep the flexibility as high as possible and to limit the cores to an absolute minimum, the idea arose to provide emergency exit balconies. They protect the timber façade from the elements and serve evacuation and maintenance purposes.
**TP** In the competition we worked on the urbanistic figure and on setting the volumes. The supporting structure of the multi-usage frame construction was designed later. An important parameter is the proximity to the tracks. The vibrations of the trains produce a resonance through the impact sound. In order to raise the natural frequency of the slabs, we would have had to either make them considerably thicker or could reduce the span length. For reasons of cost effectiveness we decided for the latter. To reduce the weight we are building hollow slabs that save 15 to 20 percent of the dead weight. This takes the load off the pilings under the cores and struts. The outer struts only carry the lightweight concrete balconies. Its structure is to bring the load-bearing behavior of the balcony slabs to expression. The coffering symbolizes the load-bearing effect. The diagonally stretched joists, which make a thinner slab possible, are visible.
In the scope of the preliminary design study the building ground turned out to be a challenge not to be underestimated on account of the required securing of the construction pit and the water drainage. The ground water level lies practically at ground level. To some extent we are thus building a ship. The ground is made up of flood sediments and glacial lake sediments from the late ice age, additionally interspersed with sandy creek gullies. These are really very complex hydrological conditions, with several hydrological ground water levels sandwiched on top of each other to boot. The engineer is considering with

sedimenten und späteiszeitlichen Gletschersee-ablagerungen, dazu kommt eine Durchsetzung mit sandigen Bachwasserrinnen. Es sind wirklich sehr komplexe hydrologische Verhältnisse mit zudem mehreren übereinandergeschichteten hydrologischen Grundwasserstockwerken vorhanden. Der Ingenieur überlegt mit dem Architekten und dem Geologen, wie hier überhaupt gebaut werden kann. Im unmittelbar benachbarten Gleisfeld dürfen keine Setzungen entstehen. Das Gesetz gibt ausserdem vor, dass maximal zehn Prozent eines Gebäudes im Grundwasser stehen dürfen. Es braucht also eine durchlässige Baugrube. Beim Ziehen der Spundwände auf der dem Bahnhof abgewandten Seite dürfen später keine Setzungsdifferenzen entstehen. Wasserspiegeldifferenzen können differenzielle Setzungen erzeugen, die sich unmittelbar in den Nachbarbauten zeigen würden. Deshalb ist ein Überwachungskonzept erforderlich. Die Baugrube muss zur Reduktion der genannten Risiken in sieben Etappen erstellt werden.

**RM** Wir hätten auch innen gerne mit Unterzügen gearbeitet, sind aber an der Raumhöhe gescheitert. Das Problem war, dass die Haustechnik um die Unterzüge herumgeführt werden müsste. Da die Nutzung noch nicht klar ist, sind die Auswirkungen dieses Elements schwer abzuschätzen. Zugunsten der Flexibilität haben wir uns für Flachdecken entschieden.

**TP** Vielleicht kommen am Schluss noch Akustikelemente dazu und wir machen eine strukturierte Decke, die gar nicht zum Tragen kommt.

**CS** Mir fällt auf, dass die Stützen im Balkonsystem selbst einer Holzkonstruktion gleichen. Sie sind sehr schlank.

**TP** Weil sie in einem engen Rhythmus stehen und wenig Last zu tragen haben. Die Stützen werden vorgefertigt. Wir wollen sie so fein wie möglich gestalten und steigern ihre Schlankheit zusätzlich mit der rautenförmigen Anordnung. In der Ausbildung des Ingenieurs ist die optimale Ausnutzung des Materials wie ein Mantra. Aber man muss auch beanspruchungsgerecht agieren.
Im Brandfall sind wir nicht auf diese Stützen allein angewiesen; sie dürfen ausfallen. Die Platten der Fluchtwegbalkone tragen mit, weil sie in die Decken eingespannt sind.

**CS** Kann man sagen, dass die Zeitgenossenschaft des Gebäudes auch in diesen Dingen liegt?

**TP** Das Haus wäre mit der Bautechnik von 1970 kaum denkbar gewesen, deshalb hat man wahrscheinlich damals gar nicht hier gebaut.

**CS** In Sursee erklärt eine didaktische Konstruktion einem Laien mit einfachen Elementen die Funktionsweise des Gebäudes. Was wir hier in Luzern über den Untergrund besprochen haben, ist hochkomplex, aber der aufragende Teil des

the architect and the geologist how anything can be built here at all. No settlements are allowed to develop in the directly neighboring track field. Furthermore, the law stipulates that a maximum ten percent of a building is allowed to stand in ground water. A permeable construction pit is therefore needed. When raising the sheet pile walls on the far side of the train station, no settlement differences are allowed to later develop. Differences in the water table can create differential settlements that would immediately appear in the neighboring buildings. Therefore, a monitoring concept is required. To reduce the mentioned risks, the construction pit has to be created in seven stages.

**RM** We would have also gladly worked with joists on the inside, but couldn't because of the ceiling height. The problem was that the building services would have had to be conducted around the joists. Since the usage is not yet clear, the effects of this element are hard to estimate. For the sake of flexibility we've decided on flat slabs.

**TP** Perhaps acoustic elements will be added at the end and we'll make a structured ceiling that won't come into effect at all.

**CS** It strikes me that the struts in the balcony system resemble a timber construction. They are very slender.

**TP** Because they stand in a very close rhythm and have little load to bear. The struts were pre-cast. We want to design them as finely as possible and additionally increase their leanness with the rhombic arrangement. In the education of the engineer the optimal utilization of the material is like a mantra. But one also has to act according to the stress requirements. In the event of fire we are not dependent on these struts alone; they are allowed to fail. The slabs of the emergency exit balconies bear the load because they are mounted into the ceilings.

**CS** Can one say that the contemporaneity of the building also lies in these things?

**TP** The building would have been hardly imaginable with the building technology of 1970; that's why no one probably built here at all back then.

**CS** In Sursee a didactic construction with simple elements explains the functional principle of the building to a layperson. What we discussed here in Lucerne about the substrate is highly complex, but the protruding part of the building tries to stake the didactic claim. It appears with the expression of a townhouse, therefore, with high subtlety. Does this expression have something to do with the question of urban development?

**TP** Through its dimensions of around 180 meters, in the second stage 240 meters, the building has presence, mass, robustness. Perhaps a further

Gebäudes versucht, den didaktischen Anspruch einzulösen. Es tritt mit dem Ausdruck eines Stadthauses, also mit hoher Feinheit, auf. Hat dieser Ausdruck etwas mit der Frage des Städtebaus zu tun?

**TP** Das Gebäude hat durch seine Abmessungen von circa 180 Metern, in der zweiten Etappe 240 Metern, Präsenz, Masse, Robustheit. Vielleicht liegt eine weitere Analogie darin, dass wir das Äussere als fein gestricktes Kleid lesen, das den robusten Kern mit einer gewissen Transparenz im menschlichen Massstab umhüllt. Dadurch erhoffen wir uns, dass das Gebäude zugänglicher und freundlicher wird. Heute fahren die Züge noch auf beiden Seiten des Gebäudes. Vielleicht entsteht auf dem Gleisfeld einmal ein schöner Platz. Die Gleise mit ihren Eichenschwellen zeigen Repetition und Filigranität, und das Haus nimmt dieses Thema auf.

**RM** Die Stadtlaube dient der Interaktion von innen und aussen; dem Herantreten, dem Weggehen, der Bewegung, dem Leben. Daher die relativ grosszügige klassische Arkade. Es ist uns bei vielen Projekten ein Anliegen, dass die Fassade in ihrem Schichtaufbau integral gedacht ist, sich der Architekt in ihr als Konstrukteur mit Leidenschaft und Freude einbringen kann. Wir wollen mit der Schichtung, der Fügung spielen und mit dem Rhythmus arbeiten – besonders natürlich beim Holz. Und wir lassen es uns dabei nicht nehmen, von innen bis zum Fenster alles selbst zu konstruieren.

analogy lies in the fact that we read the exterior as a finely knitted dress that envelops the robust core with a certain transparency on a human scale. As a consequence, we hope that the building becomes more accessible and friendlier. Today the trains are still running on both sides of the building. Perhaps a beautiful plaza will develop one day on the track field. The tracks with their oak crossties show repetition and an intricacy, and the house takes up this theme.

**RM** The city arcade serves the interaction from inside and outside; the approach, the departure, the movement, life—thus the relatively spacious classic arcade. In many projects it is a concern of ours that the façade is integrally conceived in its layer structure, that the architect can bring passion and joy into it as its constructor. We want to play with the layering, the jointing, and work with the rhythm—in an especially natural way with wood. And we insist on constructing everything by ourselves, from the interior to the window.

**Freilager Zürich**
**Freilager Zurich**
Woodstock – Teilgebiet A Subarea A
Bauherrschaft Builder
Zürcher Freilager AG
Bauingenieur Construction Engineer
ingenta ag ingenieure und planer, Bern
Holzbauingenieur Timber Construction Engineer
Indermühle Bauingenieure HTL SIA, Thun
Städtebauliches Konzept und privater Gestaltungsplan Urban development concept and private design plan
2010, Meili Peter Architekten AG, Zürich und Vogt Landschaftsarchitekten AG, Zürich
Projektwettbewerb Teilgebiet A (Langhäuser und Turmhäuser) Project competition Subarea A (longitudinal houses and tower houses) 2010
Bauausführung Building construction 2013 – 2016

Auf dem Areal des ehemaligen Zollfreilagers in Albisrieden, einer 1934 zu Zürich geschlagenen Gemeinde im Westen der Stadt, entstehen auf Grundlage eines städtebaulichen Konzepts von Meili & Peter Architekten zwölf Gebäude mit nahezu tausend Wohnungen. Drei Langhäuser und drei Turmhäuser werden hier von Rolf Mühlethaler realisiert.

Die drei Langhäuser in Holzbauweise und die drei Turmhäuser in Massivbauweise setzen einen markanten Akzent innerhalb der städtebaulichen Struktur. Auch ist die Verwendung von Holz in diesem städtischen Massstab einzigartig. Es entsteht ein abwechslungsreiches und identitätsstiftendes Spiel von Volumen und Aussenräumen mit Durchblicken und langen perspektivischen Achsen. Die Anordnung der Bauvolumen ist bestechend klar und einfach und weckt Assoziationen zu städtebaulichen Mustern und Thesen der 1960er-Jahre.

Alle Wohnungen sind gleichwertig; auf Attikageschosse wird verzichtet. Damit besteht ein Bezug zum gesellschaftlichen Umfeld in Altstetten-Albisrieden und zur Gebäudestruktur der ursprünglichen Gewerbebauten des Zollfreilagers. Neben den öffentlich nutzbaren Aussenräumen verfügt jede Wohnung über eine grosszügige Veranda mit hohem Gebrauchswert. Dies unterstützt die Belebung der Fassade.

Bedingt durch den konsequent durchgearbeiteten, konstruktiven Holzbau sind die Grundrisse der sechsgeschossigen Langhäuser von einer einfachen, pragmatischen Raumstruktur geprägt. Die Aussteifung des Volumens erfolgt über Erschliessungskerne in Beton; dazwischen liegen die Wohnungen. Die Systematisierung und Standardisierung aller Elemente führt zu vergleichsweise günstigen Erstellungskosten. Zudem lässt die Konstruktion es zu, entlang der Fassaden Wände einzubauen oder wegzulassen. Die Anforderungen der Minergie-Bauweise werden ebenfalls erfüllt.

Der Rhythmus der Holzfassaden bildet einen ausdrucksstarken, aber ruhigen Rahmen für individuelles Wohnen. Doppelflügelige, raumhohe Fenster lassen Licht und Wärme in die Tiefe dringen. Terrasse und Wohnung bilden einen Verbund von individuellem Freiraum und Rückzugsmöglichkeiten für die Bewohner. Unterschiedliche Wohnformen sind innerhalb derselben Struktur dank nutzungsneutraler Raumdimensionen und Verbindungstüren möglich.

Die Turmhäuser stehen in stimmungsvollem Kontrast zur visuellen Leichtigkeit der Langhäuser. Das Haus A3 ist für Dienstleistungsnutzungen ausgelegt. Indem hier innen bei gleicher Gebäudehöhe ein Geschoss weniger eingeplant wurde, erlaubt die pro Geschoss gewonnene Raumhöhe, den höheren Anforderungen an die Haustechnik zu genügen, welche nun in der Zwischendecke Platz findet.

On the area of the former customs warehouse in Albisrieden, a community in the western part of Zurich which was incorporated into the city in 1934, twelve buildings with nearly 1,000 apartments are being developed on the basis of an urban planning concept by Meili, Peter Architekten. Three longitudinal houses and three tower houses will be realized here by Rolf Mühlethaler.

The three longitudinal houses in timber construction and the three tower houses in solid construction place a distinctive accent within the urbanistic structure. The use of timber on this urban scale is also unique. A diversified and identity-establishing play of volumes and outdoor spaces with vistas and long perspective axes emerges. The arrangement of the construction volumes is impressively clear and simple, and triggers associations to urban planning patterns and theses of the 1960s.

All of the apartments are of equal value; attic floors are dispensed with. As a result, a reference to the social environment in Altstetten-Albisrieden and to the building structure of the original commercial buildings of the customs warehouse exists. Besides the publicly usable outdoor spaces, each apartment features a spacious veranda with a high utility value. This supports the vitalization of the façades.

Attributable to the consequently worked through timber construction, the floor plans of the six-story longitudinal houses are characterized by a simple, pragmatic spatial structure. The reinforcement of the volume ensues through access cores made of concrete; in between lie the apartments. The systemization and standardization of all elements leads to comparatively favorable construction costs. Moreover, the construction allows the walls to be inserted or left out along the façades. The requirements of Minergie construction will likewise be fulfilled.

The rhythm of the timber façade creates an expressive, but calm frame for individual living. Floor-to-ceiling double windows let light and warmth penetrate into the depths. Terraces and apartments form a bond of individual open space and possibilities of retreat for the residents. Variable living forms are possible within the same structure thanks to usage-neutral room dimensions and connecting doors.

The tower houses stand in atmospheric contrast to the visual lightness of the longitudinal houses. The A3 House is designed for service usages. By planning one less story here inside at the same building height, the ceiling height gained per story allows the higher requirements on the building services, which now find place in the dropped ceiling, to be met.

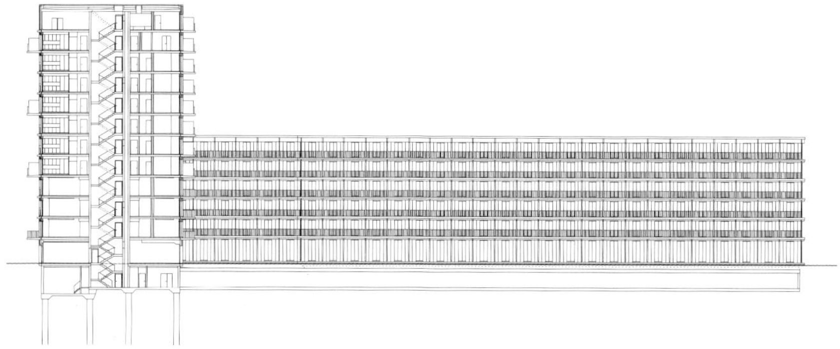

Schnitt und Ansicht Section and view

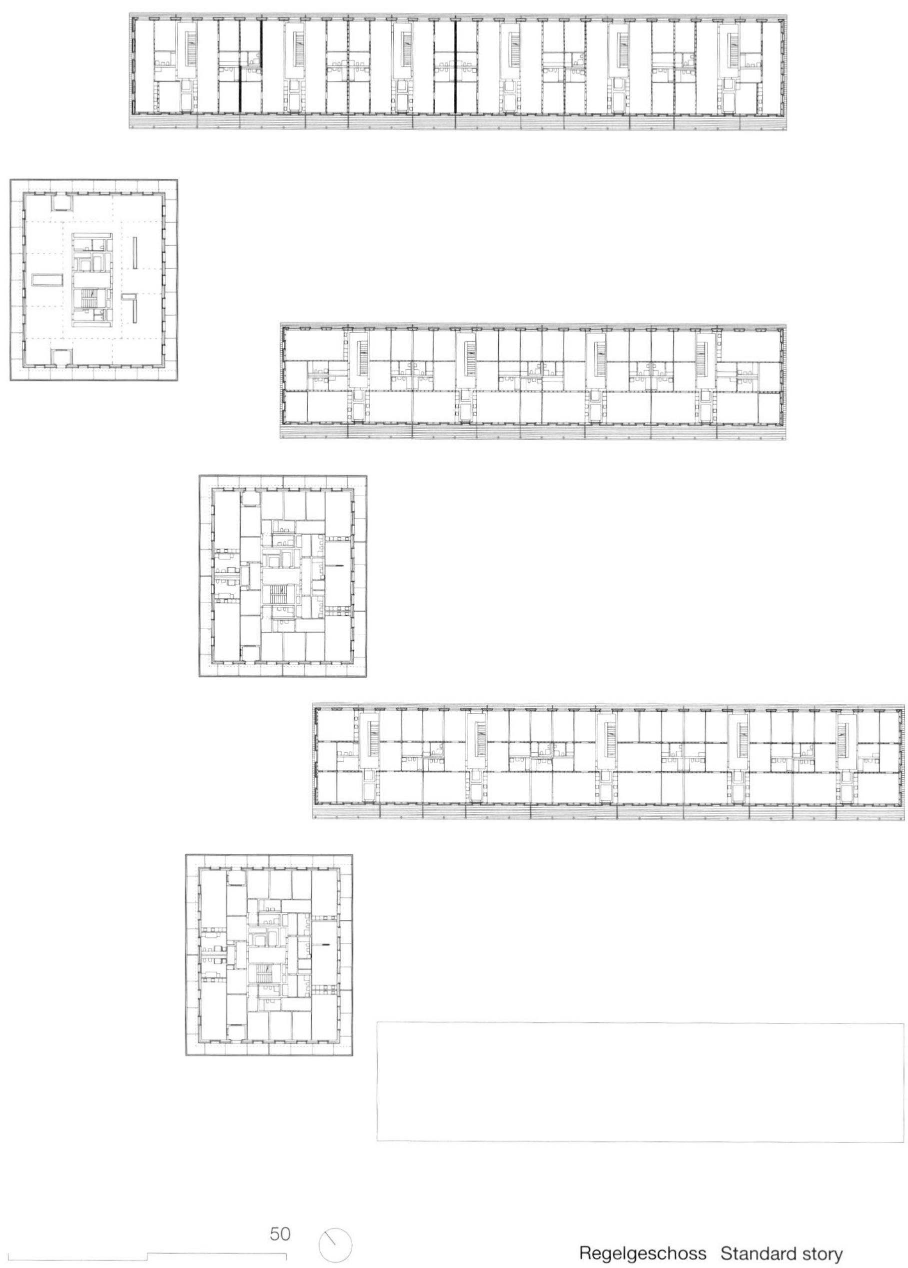


Regelgeschoss Standard story

architektur verbindet alles miteinander; das bedingt wissen. dieses wiederum erfordert handfeste erfahrung im sinne von zuwendung. nur aufgrund von präsentationen, vorlesungen, sprache gelingt das nicht. man muss eintauchen, um diese emotionalität zum raum, zur materie zu erreichen.

architecture links everything together. that entails knowledge. this, in turn, requires tangible experience in terms of attention. and that does not succeed only because of presentations, lectures and language. one has to delve into it to reach this emotionality to the space, to the material.

## Ausbildung und Metier

Florian Riegler, Rolf Mühlethaler und Christoph Schläppi im Gespräch

**Christoph Schläppi** Wir treffen uns heute hier an der Universität der Künste in Berlin, um über das Metier und die Ausbildung von Architektinnen und Architekten zu sprechen.

**Rolf Mühlethaler** Ich möchte mit einer Feststellung beginnen. Allgemein besteht eine starke Tendenz, nur noch im Projekt, in der Konzeption zu denken. Die Ganzheitlichkeit der Bauaufgabe von der Skizze bis zur Ausführungskompetenz – ist sie noch zeitgemäss? Ich versuche, diese Kompetenz zu fördern. Ich versuche, Leute zu finden, die diese Affinität suchen; die bereit sind, beispielsweise auch Ausschreibungstexte zu schreiben. Ich suche Ganzheitlichkeit im Sinne von Verbindlichkeit in der Umsetzung, im Konstruktiven, in der Verbindung von Materialität und Idee.

**Florian Riegler** Ganzheitlichkeit kann in der Ausbildung natürlich auch etwas ganz anderes bedeuten – etwa, dass ein möglichst umfassendes Wissen erarbeitet wird. Dafür braucht es eine Vielzahl von theoretischen Fächern. Ist das zeitgemäss? Wir betrachten dabei immer unseren mitteleuropäischen Raum. In Frankreich arbeitet man ganz anders als in Süddeutschland oder Österreich oder Grossbritannien. Das Verständnis von Architektur ist je nach Land unterschiedlich, im asiatischen oder amerikanischen Raum nochmals grundlegend anders. Vielleicht halten wir an etwas fest, das möglicherweise nicht mehr zeitgemäss ist, weil Spezialisierung und Expertentum immer umfangreicher werden. Gleichzeitig sind wir immer noch der Meinung, dass wir das als Architekten bewältigen können – zumindest als Koordinatoren. Dabei werden Grenzen sichtbar; besonders, wenn ich als Generalplaner arbeite – eine Aufgabe, die uns als Architekten immer häufiger übergestülpt wird. Doch zurück zur Ausbildung. Worauf kommt es an? Ich bin an dieser Schule vorwiegend im ersten und zweiten Semester beschäftigt. Ich sehe meine Aufgabe darin, die Studierenden anzustecken, zu infizieren, ihnen die Augen zu öffnen für die Schönheit des Raums, für seine Qualitäten. Das klingt pathetisch und es ist gar nicht einfach, das zu vermitteln. Man muss den Studierenden zeigen, dass es in ihren Händen liegt, etwas so oder anders zu machen.

**RM** Die Kombination zwischen dem Erkennen des Schönen – eines unserer ureigensten Anliegen – und dem Willen, diese Erkenntnis umzusetzen, vermisse ich oft. Bauen ist mehr als Planung. Direktheit und Verbindlichkeit strebe ich auch in der Vermittlung an.

## Education and Métier

Florian Riegler, Rolf Mühlethaler and Christoph Schläppi in Conversation

**Christoph Schläppi** We are meeting today at the University of the Arts in Berlin to talk about the métier and the education of female and male architects.

**Rolf Mühlethaler** I would like to begin with a statement. A strong tendency generally exists to only think in the project, in the conception. The holism of the construction project, from the sketch up to the execution competence, — is it still up-to-date? I try to promote this competence. I try to find people who are seeking this affinity; who are ready, for instance, to also write tender specifications. I am seeking holism in the sense of commitment in carrying things out, in the constructive sense, in the connection of materiality and idea.

**Florian Riegler** Holism can, of course, also mean something totally different in education — for instance, that knowledge which is as comprehensive as possible will be acquired. A variety of theoretical subjects are needed for that. Is that timely? We are always considering our Central European region in the process. One works completely different in France than in Southern Germany or Austria or Great Britain. The understanding of architecture is different, depending on the country; fundamentally different once again in the Asian or American area. Perhaps we are clinging to something that possibly isn't up-to-date anymore, because specialization and expertise are increasingly becoming more extensive. At the same time we still believe we can manage that as architects — at least as coordinators. Limits become visible as well; especially if I work as a general contractor — a task that is more and more frequently imposed upon an architect. But let's get back to education. What does it come down to? I am engaged at this school primarily in the first and second semester. I see my task in infecting those studying, to open their eyes for the beauty of the space, for its qualities. That sounds pathetic and it isn't easy at all to convey this. One has to show the students that it lies in their hands to do something this way or the other way.

**RM** I often miss the combination between recognizing the beauty — one of our innermost desires — and the will to implement this perception. Building is more than planning. I also strive for directness and reliability in the impartation.

**CS** Don't the students dream exactly about the same thing? They bring the yearning for beauty along with them. They want to overcome their

**CS** Träumen die Studierenden nicht genau davon? Sie bringen die Sehnsucht nach der Schönheit mit. Sie wollen gestaltend ihre Entfremdung von der Welt überwinden, möchten mit Materie arbeiten. Sie träumen von einem Idealzustand, wie du ihn skizzierst: den Bogen von der Idee bis zum vollendeten Gebäude spannen zu dürfen. Dann werden sie in dieses System hineingestossen, von dem du sprichst, Florian. Wir leben in einer Welt von Grosskonzernen, Shareholdern, Investoren, und der Architekt muss irgendwie versuchen, gemäss deren Bedürfnissen ein materielles Resultat herzustellen. Wie erleben Architekten diese Diskrepanz zwischen Pragmatismus und Idealismus? Wie rettet jemand, der am Kern der Sache arbeiten möchte, dieses Ideal?
**FR** Je stärker der Enthusiasmus ist für das, um was es eigentlich geht, umso stärker kann man sich in all diesen Widrigkeiten behaupten. Vielleicht kann man aus den Widrigkeiten sogar Dinge herausziehen, dank derer ein Projekt besser wird. Was die Studierenden anbelangt, muss man sehr behutsam sein. Sie sollen nicht, ehe sie überhaupt begreifen, worum es geht, schon wieder verloren gehen, wenn man sie mit der eigenen Berufserfahrung konfrontiert. Das ist eine Gratwanderung. Was kann ich ihnen zeigen, das letztlich wirklich notwendig ist, um ein Projekt als Generalplaner zu begleiten? Was kann ich beiseite lassen, damit sie nicht überfordert sind? Als ich 2008 hier [an der UDK] begonnen habe, habe ich in der Zeitnot einfach Sachen aus dem Büro hergezeigt. Ich habe gezeigt, was eine Ausführungsplanung ist, und richtige Pläne mitgenommen. Dabei habe ich gemerkt, dass die Studierenden komplett überfordert sind. Letztendlich habe ich das wieder aus meiner Vermittlung rausgenommen, weil ich wollte, dass sie den eigentlichen Zugang und den Enthusiasmus für das räumliche Formen und Erkennen finden; eine Sprachlichkeit, wie Peter Märkli sagt. Bevor sie das können, sollten sie nicht zu sehr mit pragmatischen Abläufen konfrontiert werden.
**RM** Geht nicht beides zusammen? Es gibt viele Studierende, die bereits ein kleines Projekt haben und sich genau mit diesen Fragen beschäftigen. Die Kunst ist, diese Verbindung herzustellen – oder eben nicht zu separieren.
**CS** Was ist das für ein Bild von der Welt, das ihr baut? Traumbild, Realismus oder Kunstwerk, mit dem ihr einen Gedanken oder ein System untersucht?
**FR** Ob Architektur Kunst ist, ist eine schwierige Frage. Ich bin überzeugt, dass Architektur in gewisser Hinsicht immer sehr skulptural ist – also auch, wenn sie «nur» strukturell angelegt ist oder andere Schwerpunkte hat. Ein Objekt ist letztendlich körperhaft. Es muss eine Spannung aufbauen;

alienation from the world creatively; they'd like to work with the material. They dream of an ideal condition like you outline it: to be allowed to trace the arc from the idea to the completed building. Then they are thrust into this system you are speaking about, Florian. We live in a world of big corporations, shareholders, investors and the architect has to somehow attempt to produce a material result according to their needs. How do architects experience this discrepancy between pragmatism and idealism? How does someone who would like to work on the core of the matter rescue this ideal?
**FR** The stronger the enthusiasm for what it actually has to do with is, the stronger one can assert oneself in all these adversities. Perhaps one can even extract things from the adversities that make a project better. When it comes to the students, one has to be very cautious. They are not to get lost again—before they even grasp what it's all about—if one confronts them with one's own professional experience. That is a balancing act. How can I show them what is really needed in the end to accompany a project as a general contractor? What can I leave aside so that they are not overwhelmed? When I began here (at the University of Arts) in 2008 and was pressed for time, I simply showed them things from the office. I showed what an execution plan is and took proper plans with me. I thereby noticed that the students are completely overstrained. I ultimately removed that again from my teaching, because I wanted them to find the actual access and the enthusiasm for spatial shaping and cognizance; a linguisticality, as Peter Märkli says. Before they can do that they should not be confronted too much with pragmatic processes.
**RM** Don't both go together? There are many students who already have a small project and are dealing exactly with these questions. The art is to establish this connection—or precisely not to separate it.
**CS** What kind of image of the world are you building? A dream image, realism or artwork you are examining a thought or a system with?
**FR** Whether architecture is art is a difficult question. I'm convinced that architecture is, in a sense, always very sculptural—that is, also if it is 'only' structurally applied or has other emphases. An object is ultimately corporeal. It has to build up a tension; that has to do with structure. One often begins forming something in a totally unknowing way. A good space doesn't result until a coherent structure is first found, one that develops the whole thing sensibly in a three-dimensional manner upwards. A contact point to art lies there. The timescale is, of course, different.

das hat mit der Struktur zu tun. Oft beginnt man völlig unwissend damit, etwas zu formen. Erst wenn eine schlüssige Struktur gefunden wird, die das Ganze sinnvoll dreidimensional nach oben entwickelt und ergibt einen guten Raum. Da liegt ein Berührungspunkt zur Kunst. Freilich ist der Zeitmassstab anders. Wir planen und bauen mehrere Jahre an einem Projekt – das Ganze dauert viel länger als das Anfertigen einer Skulptur. Aber es gibt Affinitäten oder Parallelen.

**CS** Auf der einen Seite ist da eine Persönlichkeit, die gestalterisch Räume ausloten möchte, auf der anderen Seite die Realität mit Produkten und vorkonfektionierten Systemen – also mit technischen Sachzwängen: Wie ist es denn, die Freiheit innerhalb dieser ganz klar vorstrukturierten Systeme auszuloten?

**RM** Das genau ist unser Metier: all diese materialbedingten, technisch bedingten, normenbedingten Anforderungen in Architektur umzusetzen. Jede Entscheidung – egal, ob sie ein Spenglerblech, einen Abschluss von Boden zu Wand betrifft – dient letztlich der Architektur. Diese Brücke zu schlagen finde ich die grosse Herausforderung. Architektur verbindet alles miteinander; das bedingt Wissen. Dieses wiederum erfordert handfeste Erfahrung im Sinne von Zuwendung. Nur aufgrund von Präsentationen, Vorlesungen, Sprache gelingt das nicht. Man muss eintauchen, um diese Emotionalität zum Raum, zur Materie zu erreichen. Die Praxis spielt dabei eine wichtige Rolle.

**FR** Dafür gibt es den wunderbaren Terminus des «Begreifens». Wenn ich etwas begriffen habe, dann habe ich es auch als Sprachlichkeit, als Werkzeug zur Verfügung. Genau das hast du in deinem Jahr hier an der UDK in einer sehr anschaulichen Weise gemacht, Rolf: Modelle gebaut, Häuser nachgebaut. Die Studierenden begreifen, indem sie etwas zusammenkleben und bemerken, dass es eine besondere Form hat; dass sie hält. Gleichzeitig ist für mich noch immer jeder persönliche Zugang sehr wichtig. Die Studenten müssen von der Lehrperson unterstützt werden, nicht zu vereinheitlichen, offen zu sein, vieles zuzulassen. Im Konstruieren hat man heutzutage endlich begriffen, dass man so ziemlich alles zum Bauen verwenden kann. Es ist nicht so, dass eine Doktrin oder eine Tendenz bestehen würde, nur vorgefertigte Produkte oder nur Handwerkliches verwenden zu dürfen. Im Gegenteil ist eine unglaubliche Bereitschaft da, alles zu verwenden, mit allen Produkten zu experimentieren, sie als gleichwertig anzusehen.

**RM** Du sprichst von Autorschaft. Die stärksten Projekte an der Schule haben starke Autoren, die eigenständig arbeiten. Auch bei der Übersetzung in die Praxis ist es wichtig, dass man seine

We plan and build several years on a project—the whole thing lasts much longer than making a sculpture. But there are affinities or parallels.

**CS** On one hand, a personality who would like to sound out the creative spaces is there; on the other hand, the reality with products and ready-made systems—that is, with technical constraints: How is it then to explore the freedom within these quite clearly pre-structured systems?

**RM** That is exactly our métier: implementing all of these requirements in architecture that are dependent on the material, technology or standards. Every decision—no matter if it concerns a piece of sheet metal, a border from the floor to the wall—ultimately serves architecture. I find establishing this bridge to be the biggest challenge. Architecture links everything together. That entails knowledge. This, in turn, requires tangible experience in terms of attention. And that does not succeed only because of presentations, lectures and language. One has to delve into it to reach this emotionality to the space, to the material. Practice plays an important role in the process.

**FR** There's the wonderful term of 'grasping' for that. If I have grasped something, then I also have it available as linguisticality, as a tool. That is precisely what you've done in your year here at the University of Arts in a very demonstrative way, Rolf; you've built models, recreated houses. The students 'grasp' things by gluing something together and notice that it has a special shape; that it holds. At the same time, each personal approach is still very important for me. The students have to be supported by the instructor not to standardize, to be open, to let a lot happen. In construction one has finally understood nowadays that one can use nearly everything for building. It's not the case that a doctrine or a tendency would persist to only be allowed to use pre-fabricated products or only manually-made things. On the contrary, there is an incredible readiness to use everything, to experiment with all products, to consider them as equal.

**RM** You're speaking of authorship. The strongest projects at the school have strong authors who work independently. When translating it into practice, it is also important that a person brings in his personality in order to implement his special awareness and view of the context in the project.

**CS** With the keyword 'authorship' things like labeling, corporate identity, etc., come to my mind. How do such things align with what you do, Rolf? Your view as an author is an investigation that goes back again and again to the origins of constructing, of joining, of processing.

Persönlichkeit einbringt, um seine spezielle Wahrnehmung und seine Anschauung des Kontextes im Projekt umzusetzen.

**CS** Beim Stichwort Autorschaft kommen mir auch Dinge wie Labeling, Corporate Identity etc. in den Sinn. Wie lässt sich dergleichen mit dem zur Deckung bringen, was du tust, Rolf? Deine Auffassung als Autor ist eine Recherche, die immer wieder zu den Ursprüngen des Konstruierens, des Fügens, des Bearbeitens zurückgeht.

**FR** Ist das nicht eine starke Form von Autorschaft? Ich verstehe Autorschaft dahingehend, eine spezifische Sicht auf die Welt zu haben. Es geht nicht um Originalität. Rolf greift auf die Recherche des Vorhandenen, des Vorangegangenen zurück, spricht spirituelle Themen an. Das ist seine Sicht auf die Welt. Wir haben hier an der Schule auch ganz andere Persönlichkeiten – beispielsweise Jean-Philippe Vassal: Mit aller Selbstverständlichkeit pflegt er eine eigene Sicht auf die Welt. Mit seiner Architektur will er auf seine Weise ein besseres Leben ermöglichen.

**CS** Wie nehmen Bauherrschaften, Laien, die Öffentlichkeit diese Tätigkeit wabesshr? Habt ihr Erfahrungen, dass dieser Versuch, durch gute Architektur ein besseres Leben zu ermöglichen, auch angekommen ist?

**RM** Du sprichst ein wichtiges Thema an. Für wen bauen wir noch? In der Schweiz habe ich tendenziell bei grösseren Projekten gar keinen Bauherrn mehr am Tisch, sondern Entwickler oder Projektmanager. Er oder sie ist meist ein bedingt guter Übersetzer für die Anliegen des Bauherrn respektive der Planer. Aber mit seinem Fundus kann er das Projekt massgeblich beeinflussen. Es hat sich hier etwas kolossal und entscheidend verschoben: Direktheit und Nähe sind abhandengekommen. Damit spreche ich nochmals die Emotionalität an, welche auch in der Zusammenarbeit von Persönlichkeiten stattfinden soll. Wenn mein Vis-à-vis nicht von «Architektur», sondern von einem «Produkt» oder dem «Architekten als Dienstleister» spricht, sträuben sich mir alle Haare. Ich glaube, es geht auch darum, an einer Schule für solche Prozesse zu sensibilisieren. Um Paroli bieten zu können, braucht es Wissen und Praxisbezug. Ich bringe als Architekt ganzheitliche Kompetenz in die Runde, weil ich weiss, wovon ich spreche; wie man etwas plant, baut, konstruiert; wie die Baulogistik funktioniert und so weiter.

**CS** Ich wollte eigentlich viel elementarer über Menschen sprechen, die Bauten nutzen.

**RM** Gut, ich glaube schon, dass die Leute Qualität bewusst wahrnehmen. Häufig spielen ganz andere Kriterien hinein bei ihrer Entscheidung dafür, sich an einem bestimmten Ort niederzulassen; Schulnähe zum Beispiel. Aber andererseits

**FR** Isn't that a strong form of authorship? I understand authorship to the effect of having a specific view of the world. It's not about originality. Rolf draws upon the investigation of the existent, of the preceding, addresses spiritual themes. That is his view of the world. Here at school we also have quite different personalities—for instance, Jean-Philippe Vassal: With all implicitness he maintains his own view of the world. With his architecture he wants to enable a better life in his way.

**CS** How do clients, laypeople, the public, perceive this activity? Do you have experience that this attempt to make a better life possible through good architecture has also hit home?

**RM** You're addressing an important theme. Who are we still building for? In Switzerland, in the case of larger projects, I tend to have no clients at all at the table, but rather developers or project managers. Most of the time he or she is conditionally good at translating the client's concerns respective to the planner. But the client can significantly influence the project with his building fabric. Something colossal and decisive has shifted here: directness and closeness have gotten lost. I once again address the emotionality that is to also take place in the collaboration of personalities. If my counterpart doesn't speak of 'architecture' but of a 'product' or the 'architect as service provider,' all my hair stands on end. I believe it also a question of sensitizing students at a school for such processes. Knowledge and practical relevance are needed to be able to stand up to this. As an architect I bring holistic competence into the round, because I know what I'm talking about; how one plans, builds, constructs something; how building logistics work and so forth.

**CS** I actually wanted to talk much more basically about people who use buildings.

**RM** Good, I do believe that people consciously perceive quality. Totally different criteria frequently play into their decisions where to settle; proximity to school, for example. But on the other hand, for instance at Freilager Zurich, I get many extremely positive replies from people who have sought precisely the veranda architecture realized there and feel comfortable there after a short time.

**CS** As to theory, I have the impression that it tends to take on a life of its own. The fact that it gets into issues that only have very little contact with the reality of the profession. Where does the discourse about what architecture can do, what it is to be, in which direction it should develop, take place? Is the school the place where such things have to happen?

**FR** One leans far out towards the window with answers to this question. The theoretician naturally barricades himself behind his knowledge.

kriege ich etwa im Freilager Zürich viele extrem positive Rückmeldungen von Leuten, die genau die dort realisierte Verandaarchitektur gesucht haben und sich nach kurzer Zeit dort wohlfühlen.
**CS** Was die Theorie betrifft, so habe ich den Eindruck, dass sie die Tendenz hat, sich zu verselbstständigen. Dass sie sich in Belange versteigt, die nur sehr wenig Berührung mit der Wirklichkeit des Metiers haben. Auf der anderen Seite steht der Diskurs. Wo findet der Diskurs darüber statt, was Architektur kann, was sie soll, in welche Richtung sie sich entwickeln sollte? Ist die Schule der Ort, wo dergleichen stattfinden muss?
**FR** Man lehnt sich weit aus dem Fenster mit Antworten auf diese Frage. Natürlich verschanzen sich die Theoretiker auch hinter ihrem Wissen. Und es gibt Leute, die sich auf ein alleinstehendes Thema spezialisieren, das mit dem, was wir hier brauchen und machen, kaum in Verbindung zu bringen ist. Gleichzeitig versuchen wir an der Schule, die Theoriefächer direkt in die Lehre einzubinden. Das gelingt manchmal sehr gut, z. B. mit der Landschaftsplanung. Dank ihr haben wir plötzlich die Abhängigkeit zwischen dem Bauen und dem Aussenraum viel besser begriffen.
**RM** Wäre es nicht empfehlenswert, die Interaktion zwischen den Disziplinen zu stärken, die Grenzen aufzulösen? Manchmal frage ich mich, wozu es beispielsweise Lehrstühle für konstruktives Entwerfen gibt? Landschaft, Konstruktion, Architektur, Raum – das ist doch alles eine Einheit.
**CS** Am Schluss sind es einige wenige Privilegierte, die sich mit dem Ganzen auseinandersetzen dürfen.
**RM** Jeder, der ein Detail macht, muss wissen, wo er innerhalb des Projektes steht. Er muss das Ganze verstehen. Das ist mein Anspruch an ein Team.
**CS** Das kann man ausbilden?
**FR** Es geht um dieses Bewusstsein, dass es etwas Ganzheitliches gibt, und dass ich nur ein Teil bei der Herstellung dieses Ganzen bin.
**RM** Darf ich nochmals auf ein Thema zurückkommen, das mich wirklich beschäftigt, gerade bei grossen Projekten oder wenn man ausserhalb seiner Region tätig ist? Da geschieht es manchmal zwangsläufig, dass ich Arbeiten rausgeben muss, weil ich keinen Zugriff auf die Bauleitung, vielleicht auch die Baukultur des Ortes habe. Wie bringe ich das zusammen mit meinem Anspruch, die Dinge beeinflussen zu wollen? Wie kontrolliere ich die Umsetzung? Da trennen sich Bauen und Planen in zwei völlig verschiedene Disziplinen. Das widerstrebt meiner Haltung, weil mir das Bauen als ureigenes Metier fehlt. Bin ich mit meinem Traum hoffnungslos verloren, oder muss ich mich auf Aufträge aus der

And there are people who specialize in a single theme that can hardly be linked with what we need and do here. At the same time we try at the school to integrate the theoretical subjects directly into the teaching. Sometimes that succeeds very well, for example, with landscape architecture. Thanks to it we suddenly understand the dependency between the construction and the outdoor space much better.
**RM** Wouldn't it be advisable to strengthen the interaction between the disciplines, to dissolve the borders? Sometimes I ask myself to what end there are, for instance, chairs for constructive design? Landscape, construction, architecture, space—all of that is an entity after all.
**CS** In the end there are a few privileged people who are allowed to deal with the whole thing.
**RM** Everyone who makes a detail has to know where he stands within the project. He has to understand the whole thing. That is my demand on the team.
**CS** Can one train that?
**FR** It's about this consciousness that there is something holistic, and that I am only a part of the production of this whole.
**RM** May I return once again to a topic that really occupies me, precisely with big projects or if one is active outside his region? Sometimes it inevitably happens that I have to give out work because I have no access to the construction management, perhaps to the building culture of the location as well. How do I bring that together with my aspiration to want to influence things? How do I control the implementation? Building and planning divide into two completely different disciplines. That goes against my stance, because I'm missing building as my most basic métier. Am I hopelessly lost with my dream or do I have to concentrate on commissions from the Berne region and forego taking on competitions in Zurich, Graz or Berlin?
**FR** We've decided that we cannot take over construction supervision because we would have to have people specially trained for that. As a result, I must be able to let go and I can only do that if the specs are so robust that not everything can go wrong. Basically, everything must be laid out so that the result can be consistent with the original intention. Finding this point is an art.
**RM** Where do you get this knowledge? The goal or the ideal would be, after all, that the people come into an office where they can make an object at least once in their lives from A to Z.
**FR** Today we often run the risk of leaving the students too much up to themselves. Stating things more precisely would be incredibly important at this point.

Region Bern konzentrieren und darauf verzichten, in Zürich, Graz oder Berlin Wettbewerbe anzunehmen?

**FR** Wir haben für uns entschieden, dass wir die Bauaufsicht nicht übernehmen können, weil wir dafür speziell ausgebildete Leute haben müssten. Dadurch muss ich loslassen können, und das kann ich nur dann, wenn die Vorgaben so robust sind, dass nicht alles schiefgehen kann. Grundsätzlich muss alles so angelegt sein, dass das Resultat der ursprünglichen Intention entsprechen kann. Es ist eine Kunst, diesen Punkt zu finden.

**RM** Wo holt ihr euch dieses Wissen? Das Ziel oder das Ideale wäre doch, dass die Leute in ein Büro kommen, wo sie mindestens einmal im Leben ein Objekt von A bis Z machen können.

**FR** Wir laufen heute oft Gefahr, dass wir die Studierenden zu sehr sich selbst überlassen. An der Stelle wäre Präzisierung unheimlich wichtig.

**RM** In jedem Projekt gibt es den Moment der Präzision. Bei den Diplomanden ist jedes Projekt unterschiedlich, es kommt aber immer der Punkt, wo man Disziplin und Hartnäckigkeit einfordern muss.

**CS** Welche Erfahrung braucht es, um an einem bestimmten Punkt im Prozess zu spüren, auf welcher Flughöhe eine Intervention notwendig ist? Die Bereitschaft, zu urteilen, zu werten, sich zu verpflichten wird oft zur Überforderung. Kann man eine gewisse Haltung ausbilden?

**RM** Mit dem Urteilen tue ich mir immer wieder persönlich schwer. Dieses Werten innerhalb eines Wettbewerbs beispielsweise ist ein Krampf; unglaublich bereichernd, nicht immer erfolgreich. Doch als Architekt muss ich diese Werte in den Prozess einbringen. Beispielsweise kann ich mich im Umgang mit dem Bestand nicht hinter der Denkmalpflege verstecken. Ich muss selbst eine Haltung entwickeln – natürlich unter Einbeziehung allen Wissens, das mir zur Verfügung steht.

**FR** Geht es nicht auch darum, auf mehreren Stufen Prioritäten zu setzen? Damit hängt wiederum die Frage zusammen, wann ich ein Projekt entlassen kann. Ich muss sicher sein, dass meine erste Priorität auf jeden Fall eingehalten wurde, die zweite vielleicht. Die dritte ist dann womöglich Interpretationssache des Nächsten, der sich mit dem Projekt beschäftigt.

**RM** Es ist entscheidend, den Dingen Zeit zuzugestehen und nicht mehr zu entscheiden, als notwendig ist. Geduld ist ein Schlüsselwort in unserem Beruf. Geduld haben und dem Guten eine Chance geben.

**CS** Ich habe zuvor mehrmals an Verantwortung gedacht. Ist es noch möglich, dass eine Person in einem Projekt, das scheitern kann, Verantwortung übernehmen will? Im Prozess, von dem du

**RM** In every project there is the moment of precision. In the case of the graduating students every project is different, but it always comes to the point where one has to demand discipline and tenacity.

**CS** What experience is needed to sense at a certain point in the process at which altitude an intervention is necessary? The readiness to judge, to assess, to commit, often becomes an overextension. Can one train a certain attitude?

**RM** I personally always have a hard time with judging. This judging within a competition, for instance, is a drag; incredibly enriching, not always successful. Yet as an architect I have to introduce these values into the process. For example, I cannot hide behind historic preservation when dealing with the building stock. I have to develop a stance myself—naturally calling in all the knowledge available to me.

**FR** Doesn't it also have to do with setting priorities at several levels? The question is again related to when I can release a project. I have to be sure that my first priority was observed in any case, the second one perhaps. The third is then maybe a matter of interpretation for the next person dealing with the project.

**RM** It is decisive to allow the things time and to decide no more than what is necessary. Patience is a key word in our profession. Having patience and giving the good a chance.

**CS** I thought several times about responsibility beforehand. Is it still possible that a person wants to take over responsibility in a project that can fail? In the process you're speaking about the responsibility is clear: At the end you hand over the key and take responsibility for the result. How is that in the larger examples?

**FR** I see limits there. New tasks are constantly emerging; there are constantly new specifications and actors that didn't exist yet ten years ago. Hanging on the wall here is this picture of a Japanese house Roland Frei spoke about in a lecture. It's not a question of how big the tatami mat is; the structure ranks first. The mat is sometimes wider or shorter. We've always thought that everything is built upon this mat. That's not true! This serenity the objects exude, even if everything doesn't agree so exactly—that is the highest art. That is what one must conserve or let ripen.

**RM** Every decision has its time and its place in the whole scheme of things. To get back to the masses: There is a wonderful book about the Wittgensteinhaus. He planned his spaces in centimeters; it is fantastic what gracefulness of spaces he achieved with it. On a very distinct level he struggled for centimeters and for proportions.

sprichst, ist die Verantwortung klar: Du übergibst am Ende den Schlüssel und stehst für das Resultat grade. Wie ist das in den grösseren Beispielen?

**FR** Ich sehe da Grenzen. Es tauchen dauernd neue Aufgaben auf; laufend gibt es neue Spezifizierungen und Akteure, die es vor zehn Jahren noch nicht gegeben hat. Hier an der Wand hängt dieses Bild eines japanischen Hauses, über das Roland Frei in einem Vortrag gesprochen hat. Es geht nicht darum, wie gross die Tatamimatte ist; an erster Stelle steht die Struktur. Die Matte ist mitunter breiter oder kürzer. Wir haben immer gedacht, dass alles auf dieser Matte aufbaut. Stimmt nicht! Diese Gelassenheit, die die Objekte ausstrahlen, wenn nicht alles so genau stimmt – das ist die höchste Kunst. Das muss man sich bewahren oder es reifen lassen.

**RM** Jede Entscheidung hat ihre Zeit und ihren Platz im Ganzen. Um zu den Massen zurückzukehren: Es gibt ein wunderbares Buch über das Wittgensteinhaus. Der hat seine Räume in Zentimetern konzipiert; es ist fantastisch, was für eine Anmut der Räume er damit erreicht hat. Er hat auf einer ganz eigenen Ebene um Zentimeter und um Proportionen gerungen.

**Hochschule der Künste Bern, «Etagentrilogie»**
**Berne University of the Arts, "Etage Trilogy"**
Bauherrschaft Builder
Kanton Bern – Amt für Grundstücke und Gebäude AGG
Tuchfabrik Schild AG, 1958/59
Architekt Henry Daxelhofer, Bern
Projektwettbewerb Project competition 2003
Ausführung Execution 2005–2008

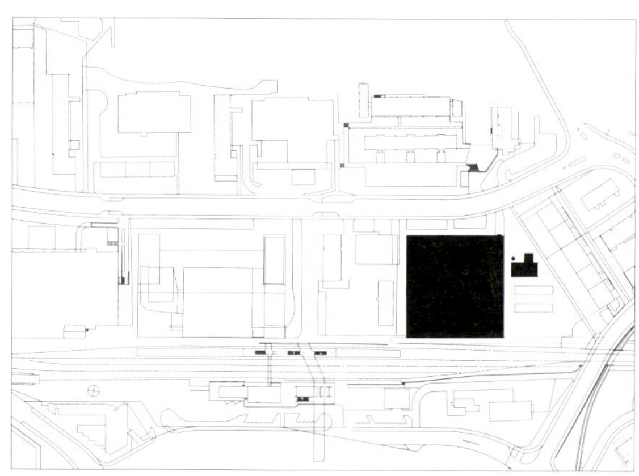

Das ehemalige Fabrikgebäude der Tuchfabrik Schild steht in unmittelbarer Nachbarschaft zur Überbauung Tscharnergut. Seit 1998 wird das Gebäude von der neu formierten Hochschule der Künste Bern HKB als Hauptsitz genutzt. Nach dessen Erwerb durch den Kanton Bern folgte sein Umbau. Es ist aufgrund seiner markanten Shedhallen als schützenswert eingestuft.
Im umgebauten Gebäude lebt der Geist des Industriebaus insbesondere in den originalen Bodenbelägen weiter. Vom respektvollen Dialog zwischen alter und neuer Substanz zeugen selbst unscheinbare Details – beispielsweise an den Übergangsbereichen beim zentralen Kastenträger oder den Stirnwänden der Sheds.
Jede der drei Etagen besitzt eine eigene charakteristische Raumgliederung, Baustruktur und Stimmung. Im Obergeschoss bleibt die Shedstruktur prägend. Die Räume sind lichtdurchflutet und ergeben ideale Ateliers. Mittels Einbauten und einem Zwischengeschoss entsteht eine horizontale und vertikale Schichtung. Im Erdgeschoss befinden sich neben den Verwaltungs- und Ausstellungsräumen auch Werkstätten und Ateliers, die gutes Tageslicht und nutzungsspezifische Betriebseinrichtungen benötigen. Alle diese Räume sind von aussen sowie von der internen Werkstrasse her erschlossen. Im Untergeschoss liegen insbesondere Werkstätten und Ateliers für Restaurierungsaufgaben. Dort sind klimatisch hohe Anforderungen zu erfüllen, was haustechnisch anspruchsvolle Installationen erfordert; allerdings ist hier der Bedarf an Tageslicht auch geringer. Wo immer möglich, verwischen raumhohe Verglasungen die Raumgrenzen und sorgen für eine breite Streuung des Lichts.
Die Räume sind in allen Geschossen in Form von Enfiladen aufgereiht, um raumübergreifende Nutzungen zu ermöglichen. Einbauten und technische Einrichtungen folgen der vorhandenen Primärstruktur und schaffen eine klare und ruhige räumliche Ordnung. Innerhalb dieser Primärstruktur sind der Nutzungsvariabilität, der Erweiterbarkeit oder der Verdichtung kaum Grenzen gesetzt.
Die unaufdringlich in Erscheinung tretende Sekundärstruktur ist auf höchste Gebrauchstauglichkeit ausgerichtet. Die Raumfolgen – mit nach Systemen getrennten, konsequent sichtbar geführten Installationen – fördern die experimentelle Arbeit der Studierenden und das Denken in Prozessen.
Die Wahl der Materialien mit Drahtglas, feuerverzinktem Blech, Verkleidungen aus Elementplatten und Lehmputz auf dem Mauerwerk ist ganz auf die praktische Nutzung der Räume ausgerichtet. Robuste Möbel und Betriebseinrichtungen nach Mass ergänzen die präzise definierte Baustruktur, sodass ein ideales Lern- und Arbeitsklima entsteht.

The former factory building of the Schild Cloth Factory stands in immediate vicinity to the Tscharnergut construction project. Since 1998 the structure has been used by the newly formed Berne University of the Arts (HKB) as its head office. After it had been acquired by the Canton of Berne, it was converted. On account of its distinctive shed hall it is classified as deserving protection.
In the converted building the spirit of the industrial structure particularly lives on in the original flooring. Even inconspicuous details—for example, in the transition zones near the main box girder or the front walls of the shed—testify to the respectful dialog between the old and new substance.
Each of the three floors possesses a distinct, characteristic room division, building structure and atmosphere. The shed structure remains defining on the top floor. The spaces are flooded with light and result in ideal studios. A horizontal and vertical layering develops with the aid of fixtures and a mezzanine. On the ground floor, workshops and studios that require good natural light and use-specific operation equipment are situated next to the administration and exhibition spaces. All of these rooms are accessed from outside as well as from the internal workshop corridor. Workshops and studios for restoration tasks are especially located in the basement. High climatic requirements are to be fulfilled there, which calls for very sophisticated building service installations. However, the need for natural light is also lower here. Wherever possible, floor-to-ceiling glazing blurs the spatial borders and provides for a wide dispersion of light.
The spaces on all floors are lined up in the form of enfilades in order to enable usages across rooms. Fixtures and technical equipment follow the existing primary structure and create a clear and calm spatial order. Within the primary structure there are no limits to the variability of use, the extensibility or the densification.
Unassuming in appearance, the secondary structure is geared toward the highest usability. The sequence of rooms—with installations separated according to systems and run in a consequently visible manner—promotes the experimental work of the students and the thinking in processes.
The choice of materials, with wired glass, hot-galvanized sheet, cladding made of element plates and clay plaster on the masonry, is totally oriented to the practical utilization of the spaces. Robust furniture and customized operating equipment complement the precisely defined building structure so that an ideal learning and working climate arises.

# hochschule der künste bern  berne university of the arts

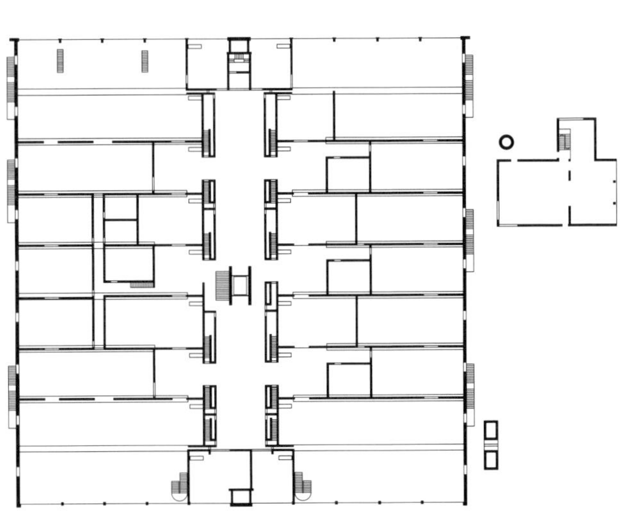

1. Obergeschoss  First floor

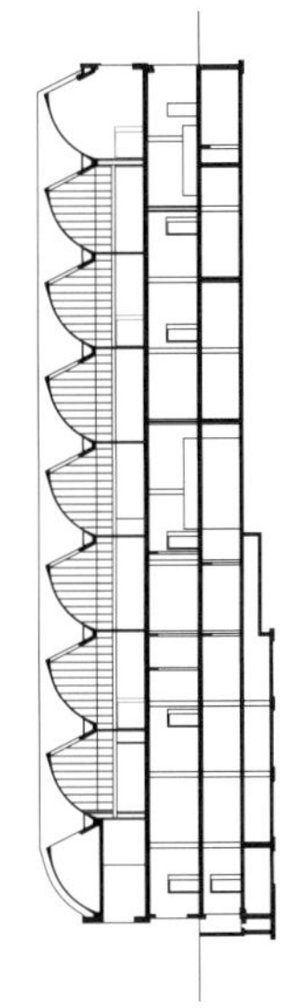

Querschnitt  Cross section

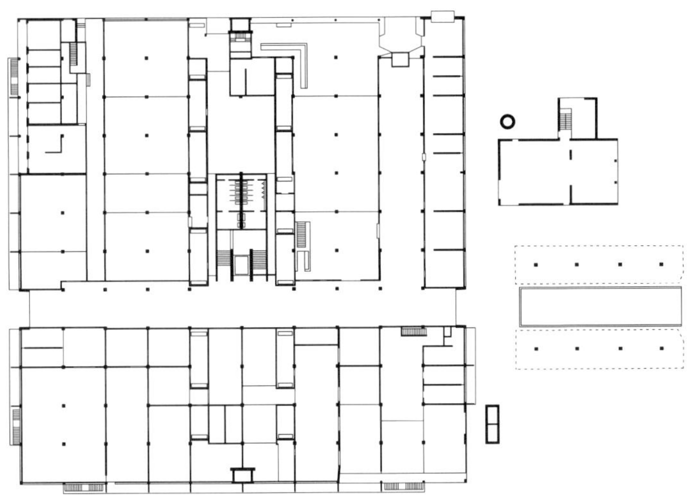

Erdgeschoss  Ground floor

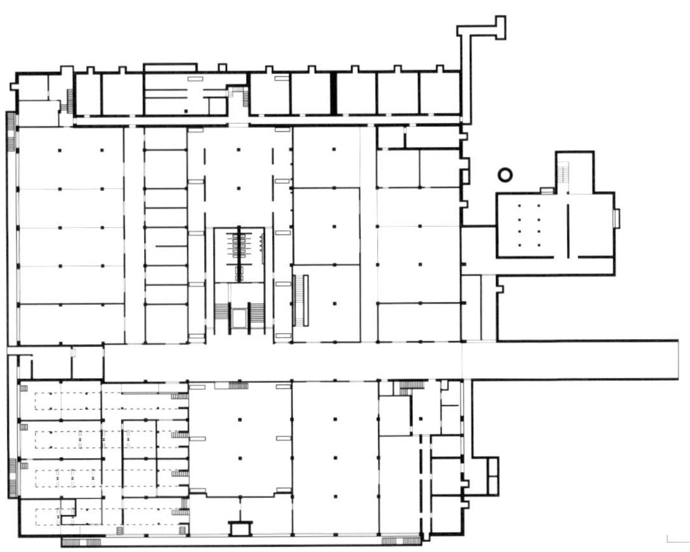

Untergeschoss  Basement

25 m

**Tscharnergut Bern**
**Tscharnergut Housing Estate, Berne**
Sanierung Waldmannstrasse 25/39 Renovation Waldmannstrasse 25/39
Bauherrschaft Builder Waldmannstrasse 25
FAMBAU Genossenschaft Bern
Bauherrschaft Builder Waldmannstrasse 39
Baugenossenschaft Brünnen-Eichholz Bern
Überbauung Construction project
Tscharnergut 1958–1966
Architektengemeinschaft Working consortium
H.+G. Reinhard, Lienhard & Strasser, E. Helfer, K.+W. Kormann, E. Indermühle, Bern
Studienauftrag Study contract 2005
Pilotprojekt Pilot project Waldmannstrasse 25 2010
Ausführung Execution Waldmannstrasse 25
2014–2015
Ausführung Execution Waldmannstrasse 39
2016–2017
Arbeitsgemeinschaft mit Working consortium with
matti ragaz hitz architekten ag, Bern

Das in den Jahren 1958 bis 1966 im Berner Stadtteil Bümpliz erbaute Tscharnergut gilt als ein hervorragendes Beispiel des Siedlungsbaus der Schweizer Nachkriegsarchitektur. Die Überbauung folgt den Theorien der klassischen Moderne, namentlich den Grundsätzen des CIAM. Die moderne Gestaltung, die grosszügigen Aussenräume und die Ergänzung um Schule, Läden und Freizeitanlage liessen die Siedlung früh zu einem Vorzeigeobjekt werden. Aus diesem Grund wurde die schützenswerte Siedlung schliesslich ins Inventar der Denkmalpflege aufgenommen.
Das Tscharnergut folgt einem orthogonalen städtebaulichen Muster. Die in Hochhäuser und Scheibenbauten gegliederte Überbauung ist stark durchgrünt. Im Inneren liegen verkehrsfreie Promenaden, Freiräume und Plätze, die eine hohe landschaftsgestalterische Qualität besitzen, Identität stiften und generationenübergreifend der Gemeinschaft dienen.
Eine detaillierte Gebäude- und Zustandsanalyse wies 2005 einen markanten Erneuerungsbedarf aus. Die mangelhafte Energiebilanz, eine ungenügende Erdbebensicherheit und die Forderung nach zeitgemässen Wohnräumen liessen beträchtliche Eingriffe in die Baustruktur notwendig werden, namentlich bei den bestehenden Deckenstärken und den Betonelementfassaden. Auch eine Anpassung der Haustechnik wurde unumgänglich.
Das Sanierungsprojekt musste somit mehr als nur den Substanzerhalt umfassen. Das Projekt verfolgt das Ziel, das Tscharnergut für einen weiteren Zyklus von dreissig bis fünfzig Jahren herzurichten und moderat zu verdichten, ohne die Qualitäten des städtebaulichen Konzepts zu verwässern.
In einem Pilotprojekt wurde die Hauszeile an der Waldmannstrasse 25 an der Westfassade durch eine drei Meter tiefe Raumschicht erweitert, welche Loggien und die Erweiterung der Wohnräume aufnimmt. An der Ostfassade wurden die zeichenhaften Erschliessungstürme durch neue Türme mit geringfügig grösseren Abmessungen ersetzt, damit sie den heutigen Anforderungen an einen barrierefreien Zugang genügen.
Bestimmend für den Entwurf war, den Charakter der Scheibenbauten wie auch die einheitliche Wirkung des Ensembles zu erhalten, weshalb die Erweiterung nur durch eine leichte Farbdifferenz auf den Seitenfassaden sichtbar bleibt. Die Wohnungen gewinnen durch die baulichen Veränderungen an Wohnwert und Grosszügigkeit. Durch gezielte Massnahmen wurde die Energiebilanz des Gebäudes verbessert, namentlich durch den Austausch der Fenster und Nachisolierungen an Dach, Decken und der neuen Westfassade. Nach dem Pilotprojekt wurde mit der Waldmannstrasse 39 ein weiteres Gebäude umgebaut. Weitere Bauetappen folgen.

Erected in the years 1958 to 1966 in the Berne district of Bümpliz, Tscharnergut is regarded as an outstanding example of housing estate construction of Swiss postwar architecture. The building project followed the theories of classic modernism, specifically the principles of CIAM. The modern design, the ample outdoor spaces and the extension with schools, shops and recreational facilities let the housing estate become an early showpiece. For this reason the estate, worthy of protecting, was eventually included in the inventory of historic preservation.
Tscharnergut follows an orthogonal urban development pattern. The building project, divided in highrises and slab houses, is heavily greened. Inside lie vehicle-free promenades, open spaces and squares that possess a high landscape design quality, create identity and serve the community across generations.
A detailed building and status analysis conducted in 2005 showed a striking need for renovation. The poor energy balance, insufficient earthquake protection and the demand for up-to-date living spaces made profound interventions into the building structure necessary, in particular in the existing slab thicknesses and the concrete element façades. An adaptation of the building equipment and appliances was also unavoidable.
The renovation project had to thus involve more than just preserving the substance. The project pursued the aim to refurbish Tscharnergut for a further cycle of 30 to 50 years and to moderately densify it without diluting the qualities of the urban planning concept.
In a pilot project the row of houses at Waldmannstrasse 25 was expanded on the west façade by a three-meter-deep space layer that incorporated loggias and the extension of the living spaces. On the east façade the emblematic access towers were replaced by new towers with slightly larger dimensions so that they meet present-day requirements for unobstructed access.
Decisive for the design was to preserve the character of the slab houses as well as the unifying effect of the ensemble, which is why the extension only remains visible on the side façades through a slight color difference. As a result of the physical alterations, the apartments gain residential value and spaciousness. By means of targeted measures the energy balance of the building was improved, especially by replacing the windows and insulating the roof, ceilings and the new west façade. After the pilot project, a further building at Waldmannstrasse 39 was converted. Additional building stages are following.

Regelgrundriss Bestand  Standard layout of existing building

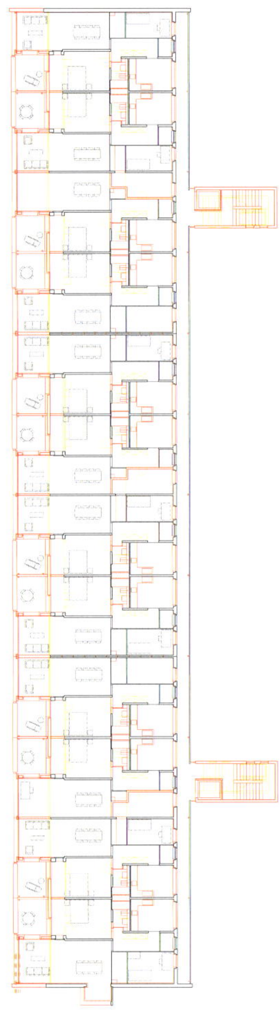

Regelgrundriss Pilotprojekt  Standard layout of pilot project

mich interessiert das ganze spektrum der architektur, aber am liebsten baue ich im bestand mit erweiterung. ich suche mir bewusst solche aufgaben – auch in wettbewerben. alles ist eine materie.

I'm interested in the entire spectrum of architecture, but I preferably build in the existing fabric with extension. I consciously seek such tasks – also in competitions. everything is a material.

**Bauen im Bestand**
Silke Langenberg, Toni Häfliger, Rolf Mühlethaler und Christoph Schläppi im Gespräch

**Christoph Schläppi** Rolf, du hast dich dafür entschieden, eines von vier Werkstattgesprächen dem Thema Bauen im Bestand zu widmen.
**Rolf Mühlethaler** Mein Fokus liegt weniger auf Fragen der Denkmalpflege als auf dem Umgang mit Vorhandenem, selbst wenn der Architekt oft zusätzlich eine denkmalpflegerische Verantwortung übernehmen muss. Die Denkmalpflege gerät zunehmend unter Druck. Wir wollen sie mit unserer Haltung und Wertschätzung unterstützen. Ohnehin gibt es fast keine Aufgabenstellung mehr, die nicht in einem Bestand, in einem Kontext steht. Das war schon bei meinem ersten Bau so, dem kleinen Atelier Iseli; später folgten die eidgenössische Alkoholverwaltung, die HKB, das Haus an der Grabenpromenade und andere.
**CS** Bei diesen Arbeiten war die denkmalpflegerische Einstufung der Objekte eher sekundär.
**Silke Langenberg** Eigentlich sind geschützte Objekte ja «nur» Sonderfälle. Man muss sich grundsätzlich mit dem auseinandersetzen, was man vorfindet. Natürlich gelten bei den als Denkmal anerkannten Bauten besondere Auflagen, aber mit nicht geschützten Objekten sollte genauso behutsam umgegangen werden. In meiner Vorlesung in München heisst ein erstes grosses Themenfeld «Das Offensichtliche und das Anerkannte». Es geht um die Schutzobjekte, deren Qualitäten und historischer Wert offensichtlich sind. Viel wichtiger scheint mir aber im Moment das zweite Themenfeld: «Das Gegenteil von offensichtlich». Hier steht die Architektur der 1960er- und 1970er-Jahre im Fokus, deren Denkmalwert Laien beispielsweise nicht auf den ersten Blick erkennen. Diese Bauten machen in Deutschland rund die Hälfte des Bestandes aus. Nach einer Lebensdauer von rund fünfzig Jahren müssen sie jetzt alle gleichzeitig erneuert werden.
**CS** Was macht das Nicht-Offensichtliche wertvoll?
**RM** Ein gutes Beispiel dafür ist das Tscharnergut, eine Berner Siedlung der Nachkriegsmoderne, die als schützenswert eingestuft ist. Hier haben wir in einem langen Prozess das Konzept schärfen können, das Gebäude beziehungsweise den Wohnraum an der Westseite um eine drei Meter tiefe Schicht zu erweitern. Bei der Umsetzung haben wir zugleich die ursprüngliche, längst verstümmelte Fassade rekonstruiert, um das Gesamt-bild des Ensembles nicht zu stören.
**CS** In der Denkmalpflege gibt es das Paradigma des Substanzerhalts, im Tscharnergut ist die Fassade aber eine Rekonstruktion. Viele deiner

**Building in Existing Structures**
Silke Langenberg, Toni Häfliger, Rolf Mühlethaler and Christoph Schläppi in Conversation

**Christoph Schläppi** Rolf, you've decided to dedicate one of the four workshop discussions to the topic of building in existing structures.
**Rolf Mühlethaler** My focus lies less on questions of historic preservation than on dealing with the existing fabric, even if the architect has to additionally take over responsibility for historic preservation. Historic preservation is increasingly coming under pressure. We want to support it with our stance and appreciation. Anyway, there is hardly any scope of work anymore that doesn't stand in an existing structure, in a context. That was already the case with my first building, the small Iseli Studio; the Swiss Alcohol Board, the Berne University of the Arts (HKB), the house on Grabenpromenade and others followed later.
**CS** The historic preservation classification of the objects was rather secondary in these works.
**Silke Langenberg** Actually, listed objects are 'only' special cases. One has to fundamentally deal with what one comes upon. Of course, particular requirements apply to listed structures, but unprotected buildings should also be treated just as carefully. In my lecture in Munich a first major topic area is called 'The Obvious and the Recognized.' It's about the protected objects whose qualities and historic value are obvious. What appears much more important to me at the moment, however, is the second range of topics: 'The Opposite of Obvious.' Standing at the focus here is the architecture of the 1960s and 1970s, whose preservation value is not recognized by laypeople, for instance, at first glance. These buildings make up about half of the existing structures in Germany. After a lifespan of around 50 years they now all have to be renovated at the same time.
**CS** What makes the non-obvious valuable?
**RM** A good example of that is Tscharnergut, a postwar modernist housing estate in Berne which is categorized as worthy of protection. Here we were able to hone the concept in a long process to extend the building, respectively, the living space on the west side by a three-meter-deep layer. While carrying it out we simultaneously reconstructed the original, long-mutilated façade so as to not disturb the overall impression of the ensemble.
**CS** In historic preservation there is the paradigm of preserving the substance; in Tscharnergut, however, the façade is a reconstruction. Many of your objects incorporate such unusual approaches. Does a procedure according to the rulebook lead to a possibly less good result than the specific reaction to a situation?

Objekte enthalten solch unübliche Vorgehensweisen. Führt ein Vorgehen nach dem Regelwerk zu einem möglicherweise weniger guten Resultat als die spezifische Reaktion auf eine Situation?
**SL** Natürlich gibt es die Chartas als internationale Vereinbarungen. Ich würde sie aber eigentlich nicht als «Regelwerke» bezeichnen. Statt nur auf den Substanzerhalt zu schauen, wäre es meiner Meinung nach eine wichtige Aufgabe der Denkmalpflege, Architektinnen und Architekten mehr Vertrauen entgegenzubringen – und dann von vornherein nur diejenigen mit solchen Objekten zu beauftragen, die angemessene Vorschläge machen. Man sollte einem Objekt nicht den eigenen Stempel aufdrücken wollen, sondern Respekt für die Arbeit des ursprünglichen Architekten aufbringen. Dafür müsste also zunächst eine bewusste Auswahl stattfinden und danach eine vertrauensvolle Zusammenarbeit. Insofern plädiere ich für den bewussten Regelverstoss durch die Auswahl des Architekten.
**Toni Häfliger** In einer TV-Sendung hat der CEO einer renommierten Immobiliengesellschaft kürzlich festgestellt, dass die halbe Stadt Zürich geschützt sei und er als Investor praktisch keinen Spielraum mehr habe. Wir müssen darüber diskutieren, wie Investoren davon überzeugt werden können, dass Bauen im Bestand kein Verlustgeschäft ist. Wie schaffen wir es, dass alle Partner sich zu einem Verständnis darüber durchringen, dass es dabei um gemeinschaftliche Werte geht und im Umgang mit dem Bestand auch wirtschaftliche Chancen liegen?
**SL** Vielleicht müssen zunächst die Architekten sensibilisiert werden. Auch einige etablierte Büros haben im Umgang mit historischer Bausubstanz wenig Erfahrung. Die Institution Denkmalpflege müsste darauf vertrauen können, dass mit dem Bestand respektvoll umgegangen wird. Sinnvoll sind Verfahren wie beispielsweise Studienaufträge.
**RM** Ich bin auf das Wissen von Spezialisten angewiesen. Man ist gut darin beraten, sich unterstützen zu lassen, um letztlich zu Entscheidungen zu kommen. Ich brauche Wissen über die Bedürfnisse der Menschen, Nutzung, Handwerke, Geschichte, Städtebau.
**SL** Es braucht den Respekt für das Fachwissen des anderen, wenn etwas in interdisziplinärer Zusammenarbeit entstehen soll. In dem Moment, wo einer allein Regeln aufstellt, denen sich alle anderen unterziehen müssen, gerät das Kräfteverhältnis aus dem Gleichgewicht.
**RM** Auch die Behörden gehören mit ins Boot. Die Gesetzesdichte führt dazu, dass das Bauen unbezahlbar wird und oft unvernünftige Vorgaben gemacht werden. Im Bestand ist dieses Problem noch viel ausgeprägter und die Vorgaben bezüglich Behindertengängigkeit, Energie, Erdbeben

**SL** Naturally there are the charters as international agreements. But I would actually not describe them as 'rulebooks.' Instead of only looking to the preservation of the substance, in my opinion it would be an important task of historic preservation to show more trust towards architects—and then to only commission those who make reasonable proposals from the outset with such objects. One should not want to place one's own stamp on an object, but rather bring up respect for the work of the original architect. However, a conscious selection would first have to take place and then a trustful collaboration. In this respect I make a case for the conscious rule violation through the selection of the architect.
**Toni Häfliger** The CEO of a renowned real estate company recently stated on a TV program that half the city of Zurich is protected and he, as an investor, practically has no more leeway. We have to discuss about how investors can be convinced that building in existing structures is no money-losing business. How do we manage to bring all the partners to an understanding that it is a matter of community values and that economic chances also lie in dealing with the building fabric?
**SL** Maybe the architects have to be sensitized first? Several established offices also have little experience in dealing with historic building stock. The institution of historic preservation has to be able to trust that the existing structure will be respectfully handled. Processes such as study commissions make sense.
**RM** I'm dependent on the knowledge of specialists. One is well-advised to let oneself be supported to ultimately come to decisions. I need knowledge about the needs of the people, usage, skilled trades, history, urban planning.
**SL** The respect for the expertise of the other is needed if something is to develop in interdisciplinary collaboration. At the moment when one person alone sets up the rules that all the others have to submit themselves to, the balance of power is thrown into turmoil.
**RM** The authorities also belong on board. The concentration of laws leads to unaffordable construction and unreasonable requirements. This problem is even more pronounced in existing structures and the specifications relating to handicapped access, energy, earthquake protection are seldom observed entirely. A sense of proportion and the informal aspect are needed to come to a solution conducive to the house. The situation comes to a head in this environment because no one wants to take over responsibility. The trades isolate themselves from one another. When building in existing structures, however, trustful collaboration is an absolute precondition.

sind selten vollständig einzuhalten. Es braucht Augenmass und das Informelle, um zu einer dem Haus dienenden Lösung zu kommen. Die Situation spitzt sich in diesem Umfeld zu, weil niemand Verantwortung übernehmen will. Die Gewerke grenzen sich voneinander ab. Beim Bauen im Bestand ist die vertrauensvolle Zusammenarbeit aber eine absolute Voraussetzung.

**TH** Ich habe schon Architekturwettbewerbe mit namhaften Jurys erlebt, bei denen aus einem gruppendynamischen Prozess heraus ein Juryentscheid getroffen wurde, der die Interessen des Bestandes trotz klarer Vorgaben im Pflichtenheft überging.

**RM** Man muss dem Bestand die Chance geben, gesellschaftlich zu bestehen. Wenn man die Familie unter, neben, über sich nicht mehr hören darf oder wenn der Investor eine normengerechte, marktfähige Lösung anbieten will, dann hat es ein Altbau oder ein Nachkriegsbau extrem schwer. In einer solchen Situation müssen wir darauf hinarbeiten, dass der technisch etwas schwächere Bestandsbau überhaupt eine Überlebenschance bekommt. Die vorherrschende und voreilige Dynamik des Ersatzneubaus, an dem alles vermeintlich perfekt ist, bedarf erhöhter kritischer Abwägung. Es herrscht Aufklärungsbedarf hinsichtlich der Wertschätzung des Bestandes, der Akzeptanz des Vorhandenen.

**CS** Wie kommuniziert man gegenüber einem Investor, was er für Werte zurückbekommt, wenn er sich auf das Experiment einlässt, mit einem Architekten prozesshaft und kontextuell zu bauen?

**SL** Ich habe einmal für einen Vortrag den Titel «Teuer oder wertvoll?» gewählt, um sehr unterschiedliche Blickwinkel zu verdeutlichen. Es gibt Werte, die einfach zu vermitteln sind, und solche, wo es mehr braucht. Ich argumentiere dann oft über das Ressourcenthema. Selbst wenn ein Bestand keine offensichtlichen Werte aufweist, besitzt er Ressourcenwerte. Wir haben einmal durchgerechnet, wie viel Material und Energie in einem Bauwerk steckt; das lässt sich monetär beziffern. Dabei zeigte sich, dass der Ersatz letztlich teurer ist als der Erhalt.

**RM** Daneben gibt es die Frage der Identität und der Erinnerung. Es gibt im Tscharnergut noch immer Erstmieter, die dort seit den 1960er-Jahren im besten Sinne beheimatet sind. Sie haben in der Siedlung ihren Lebensentwurf gemacht und auch gelebt. Kinder, die dort aufgewachsen sind, kommen wieder in diese Siedlung zurück. Der Erhalt, die Metamorphose kann dazu beitragen, dass wir den Menschen Erinnerung und Identität geben.

**SL** Mich würde interessieren, ob man einem Investor den Wert einer Siedlung für das kollektive Gedächtnis klarmachen kann?

**TH** I've already experienced architectural competitions with renowned juries where a jury decision was made as the result of group dynamics and passed over the interests of the building fabric despite clear provisions in the functional specification document.

**RM** One has to give the building fabric the chance to socially exist. If one is not allowed to hear the family below, next door or above any longer, if the investor wants to offer a standardized, marketable solution, then an old building or a postwar building has an extremely hard time. In such a situation we have to work towards giving the technically somewhat weaker existing structure a chance at all to survive. The prevailing and overhasty dynamics of a new replacement building in which everything is supposedly perfect necessitates a heightened critical consideration. A need for clarity concerning the appreciation of the building fabric, the acceptance of the existent, prevails.

**CS** How does one communicate to an investor what value he gets back if he gets involved in the experiment of building with an architect in a process-like and contextual manner?

**SL** I once chose the title 'Expensive or Valuable?' for a lecture in order to illustrate very different perspectives. There are values that are simple to convey and those that require more effort. I then argued often about the resource issue. Even if an existing structure shows no obvious value, it possesses resource values. We once calculated how much material and energy is put into a building; this can be assessed monetarily. In the process it became apparent that the replacement is ultimately more expensive than the preservation.

**RM** Alongside that there is the question of identity and memory. There are still first tenants in Tscharnergut who have been 'indigenous' there in the best sense since the 1960s. They've made and also lived their life plan in the housing estate. Children who grew up there are coming back into this estate again. The preservation, the metamorphosis can help us give the people memory and identity.

**SL** I would be interested whether one can make the value of a housing estate for the collective memory clear to an investor.

**RM** Talking about ideal values is complicated. Actually, the thought can most likely be conveyed through technical topics. That's why I insist that the authorities support me on all factual levels.

**SL** One would wish that the residents were more often prepared to accept restrictions in order to be allowed to live in a certain object—like the old city of Berne, where they have to do without parking spaces.

**RM** Über ideelle Werte zu sprechen ist kompliziert. Tatsächlich kann der Gedanke am ehesten über technische Themen vermittelt werden. Deshalb beharre ich darauf, dass die Behörden mich auf allen faktischen Ebenen unterstützen.
**SL** Man würde sich wünschen, dass die Bewohner häufiger bereit wären, Einschränkungen in Kauf zu nehmen, um in einem bestimmten Objekt wohnen zu dürfen – wie in der Altstadt von Bern, wo sie auf Parkplätze verzichten müssen.
**RM** In Bern gab es 1954 auf dem Münsterplatz eine öffentliche Protestaktion um die Ischi-Häuser, die im Zuge der Altstadtsanierung ausgehöhlt werden sollten. Das war der Beginn der Denkmalpflege in Bern. Natürlich hängt auch die Frage nach günstigen Mieten im Altbaubestand damit zusammen.
**CS** Die Logik der Wirtschaft steht der Logik des kontextuellen Denkens entgegen. Wann hat es euch das letzte Mal gereut, etwas wegzuschmeissen?
**SL** Bei etwas Neuem. Das Problem der Haltbarkeit scheint mir im Neubaubereich auch viel grösser zu sein als im historischen Bestand. Bei Altbauten gebe ich vielleicht bewusst etwas auf, aber beim Neubau gibt es viele Elemente, die maximal zehn Jahre halten und nicht reparaturfähig sind. Was wir dem Bestand hinzufügen, ist also häufig schlechter als das, was schon da ist.
**RM** Vielleicht tönt es etwas pessimistisch – ich sage es trotzdem: Das Neue ist selten besser als das Alte; leider auch in der Schweiz, wo die Baukultur verhältnismässig hochstehend ist. Dennoch haben wir bei der Alkoholverwaltung ein Gebäude aus der Zeit um 1848 geschlissen, um dem neuen Gebäude eine bessere Ausgangslage zu bieten. Man muss auch Opfer bringen, aber vorher extrem gut abwägen.
**SL** Bauen im Bestand braucht auch den Mut, bewusste Entscheidungen zu treffen. Um den Bestand insgesamt besser zu machen, muss auch mal etwas aufgeben werden.
**CS** Oft sitzen Leute aus der Denkmalpflege mit starren Vorgaben mit am Tisch. Wie muss der Prozess ablaufen, damit am Schluss das Resultat mehr bringt, als sich mit zwei, drei Vorgaben hinkriegen lässt?
**RM** Diese Rolle muss die Denkmalpflege tragen. In der Diskussion mit Investoren geht es zu Beginn oft nur mit klaren Statements voran. Das Projekt kann in Bewegung kommen, wenn ein Team dazukommt, das zu einer differenzierteren Sichtweise fähig ist. Es braucht dann die tiefe Auseinandersetzung und gute Argumentation.
**TH** Als Denkmalpfleger der SBB habe ich versucht, Prozesse auszulösen, mit den Projektleitern und den von Erhaltungs- und Entwicklungsmassnah-

**RM** In Berne there was a public protest action on Münsterplatz in 1954 about the Ischi houses, which were to be gutted in the course of the old city renovation. That was the beginning of historic preservation in Berne. Naturally, the question of cheap rents in old building stock is also interrelated.
**CS** The logics of business are opposed to the logics of contextual thinking. When was the last time you regretted throwing something away?
**SL** When it was something new. The problem of durability also seems much bigger to me in the new building realm than in the historic stock. In old buildings I perhaps consciously give something up, but in a new building there are many elements that last for ten years at the maximum and are not able to be repaired. What we add to the stock is therefore often worse than what is already there.
**RM** Perhaps it sounds somewhat pessimistic—I'll say it nonetheless: The new is seldom better than the old; unfortunately in Switzerland, too, where the building culture has a comparatively high standing. Nevertheless, in the case of the Alcohol Board we stripped a building dating from 1848 in order to offer the new structure a better starting position. One also has to make sacrifices, but weigh them up extremely well beforehand.
**SL** Building in existing structures also needs the courage to make conscious decisions. In order to make the stock altogether better, something has to also be given up sometime.
**CS** Historic preservation people with rigid guidelines often sit at the table. How does the process have to proceed so that the result brings more at the end than can be managed with two or three specifications?
**RM** Historic preservation has to carry this role. In the discussion with investors it often doesn't work any other way at the beginning than with clear statements. The project can move into gear if a team that is capable of a differentiated way of looking at things is added. It then needs deep examination and good argumentation.
**TH** As a historic conservationist for the Swiss Federal Railways (SBB), I've tried to trigger processes, to discuss with project managers and those affected by the preservation and development measures, to justify decisions. Once there is trust that the architect will deal carefully with the substance, that old fabric lets itself be combined well with new material and also allows sensible usages, amazingly much is possible. The historic preservation authority knows that is is under surveillance, but has to keep up its core task—politically, professionally, in terms of content. A lot has happened in the last years.

men Betroffenen zu diskutieren, Entscheide zu begründen. Wenn das Vertrauen einmal da ist, dass der Architekt sorgfältig mit der Substanz umgehen wird, sich gleichzeitig Altes mit Neuem gut verbinden lässt und sich auch sinnvolle Nutzungen realisieren lassen, ist erstaunlich viel möglich. Die Denkmalpflege weiss, dass sie unter Beobachtung steht, ihren Kernauftrag aber wahren muss – politisch, fachlich, inhaltlich. Da hat sich in den letzten Jahren viel bewegt. Ich denke, dass die Lehre einen wichtigen Beitrag in der Aufklärung leisten muss, um die Fachwelt zu sensibilisieren.
**RM** Ich möchte das Metier des Architekten in die Diskussion einbringen; bei der Ausbildung und in der Büropraxis. Wir Architektinnen und Architekten müssen ein Gefühl dafür bekommen, dass ganz viel zurückkommt, wenn wir in den strukturellen, gesellschaftlichen, haptischen Qualitäten bestehender Bauten unsere eigenen Qualitäten begreifen lernen.
**CS** Wie kann die Lehre darauf reagieren?
**SL** Es gibt immer mehr Professuren für Bauen im Bestand. In Deutschland werden hierfür häufig Denkmalpflege- oder Baugeschichtsprofessuren umgewidmet. Diese Fächer aufzugeben ist natürlich fatal. Das Bauen im Bestand darf immer nur dazukommen und kann die Grundlagenfächer nicht ersetzen. In der Praxis kommt meiner Meinung nach vor allem die bauforscherische Auseinandersetzung mit den Bestandsobjekten oft zu kurz. Ich untersuche mit meinen Studierenden im besten Fall ein Objekt zunächst bauforscherisch und mache dann im nächsten Semester eine Entwurfsaufgabe dazu. Wenn sich die Studierenden mit der Substanz und der Geschichte eines Bauwerks auseinandergesetzt haben, entstehen ganz andere Entwürfe. Sie sprechen auch plötzlich von «meinem» Gebäude – eignen sich das Bestandsobjekt also an. Häufig braucht es dann gar keine konkreten Vorgaben zum Schutzumfang mehr. Die Studierenden wollen von sich aus viel mehr von der Substanz erhalten, wenn ich im Vorfeld keine Einschränkungen mache. Das würde ich mir in der Praxis auch so wünschen – den Prozess umzukehren.
**CS** Was bedeutet der Bestand als Ressource im kreativen Prozess?
**RM** Vor allem Emotionalität. Diese Dimension geht im Bauen vor die Hunde, weil wir zunehmend als Dienstleister vor dem Computer sitzen. Die Beziehung zum Bauen, zum Mass, zum Massstab, zur Materie geht verloren. Bei Objekten, bei denen ich die Analyse mit dem Entwurf und der Ausführung zusammenbringe, kriege ich das alles unter einen Hut. Plötzlich bin ich auf der Baustelle und bespreche mit dem Handwerker ein Schreinerdetail. Das ist eine Bereicherung.

I think that teaching has to make an important contribution towards clarification in order to sensitize the experts.
**RM** I'd like to bring the métier of the architect into the discussion; in education and in office practice. We female and male architects have to get the feeling that quite a lot comes back if we learn to comprehend our own qualities in the structural, social and tactile qualities of existing buildings.
**CS** How can teaching react to it?
**SL** There are more and more professorships for building in existing structures. In Germany, historic preservation or construction history professorships are often rededicated for this purpose. Giving up these subjects is naturally fatal. Building in existing structures may always merely be added and cannot replace the basic subjects. In practice, in my opinion, the architectural research of existing structures particularly often gets the short end of the stick.
In the best case I investigate an object with my students first in an architectural research fashion and then make an additional design task in the next semester. If the students have dealt with the substance and the history of a structure, entirely different designs arise. They suddenly speak of 'my' building, too—and thus appropriate the existing object. Frequently, no more concrete specifications for the scope of protection are needed at all. On their own accord the students want to keep much more of the substance if I set no restrictions beforehand. I would also wish it that way in the field—turning the process around.
**CS** What does the existing structure mean as a resource in the creative process?
**RM** Emotionality, above all. This dimension is going to the dogs in construction because we are increasingly sitting as service providers in front of the computer. The relationship to building, to proportion, to scale, to material, is getting lost. In the case of objects where I bring the analysis together with the design and the execution, I accommodate all of that. Suddenly I'm on the construction site and discussing a carpentry detail with the tradesman. That is an enrichment.
**CS** An analytical approach is not invention, but interpretation and reading.
**RM** Building in existing structures is incredibly diverse. The main concern of architecture, to build space, is already given. In a reverse design process I have to derive a programming from the space. If the wrong usage comes into the building, the monument is possibly destroyed soon. For the Federal Foreign Office in Berlin we incorporated a training center into a structure built in 1914. From a present-day perspective that was a wrong program.

**CS** Analytisches Vorgehen ist nicht Erfinden, sondern Interpretation und Lektüre.
**RM** Bauen im Bestand ist unglaublich vielfältig. Das Hauptanliegen der Architektur, Raum zu bauen, ist dabei schon gegeben. Ich muss in einem umgekehrten Entwurfsprozess aus dem Raum eine Programmierung herleiten. Wenn die falsche Nutzung in das Gebäude kommt, ist das Denkmal womöglich bald zerstört. In Berlin haben wir für das Auswärtige Amt in einem Bau von 1914 ein Schulungszentrum eingebaut. Das war aus heutiger Sicht ein falsches Programm.
**SL** Ist Bauen im Bestand für dich interessanter als der Neubau?
**RM** Mich interessiert das ganze Spektrum der Architektur, aber am liebsten baue ich im Bestand mit Erweiterung. Ich suche mir bewusst solche Aufgaben – auch in Wettbewerben. Alles ist eine Materie.
**SL** Diese Auffassung kann ich auch bei den Studierenden beobachten. Bei uns an der Hochschule ist momentan der Master mit dem Schwerpunkt «Bauen im Bestand» besonders gefragt.
**TH** Lucius Burckhardt und Walter Förderer haben 1968 das Büchlein *Bauen ein Prozess* verfasst. Ich möchte über diesen Begriff und über die Zusammenarbeit von Architekt und Denkmalpfleger sprechen. Es gibt bei jedem geschützten Bau eine rote Linie, die den Zeugniswert schützt. Das Projekt muss nicht ein Rückbau in einen Zustand sein, wie er vielleicht gar nie existiert hat. Oft stellen wir fest, dass zwar alle Parameter bekannt sind, es aber Architekten gibt, die fachlich und intellektuell nicht in der Lage sind, das Problem zu lösen – oder dies vielleicht auch nicht wollen.
**CS** Wie kann man auf Ebene des Architekturbüros beziehungsweise der Teambildung reagieren? Wie verständigen sich die Spezialisten?
**RM** Es geht um Vertrauen und Inspiration. In der Regel ziehe ich Persönlichkeiten bei, die ich gut kenne und mit denen ich mich gerne treffe. Es gibt dem Team schöne Impulse, wenn nicht alles auf mich fokussiert ist, sondern Aussenstehende mitentscheiden, die alles völlig anders sehen.
**CS** Wie reagiert man auf der Motivationsebene? Natürlich sind Studierende unterschiedlich begabt, haben verschiedene Laufbahnen und Hintergründe. Wie machen wir den Leuten Lust darauf, eine Materie, die oft als langweilig wahrgenommen wird, als Chance zu begreifen?
**SL** Bei uns erfolgt der Einstieg über die Bauaufnahme; sie hat in unserer Fakultät einen sehr hohen Stellenwert. Es beginnt mit einer einfachen Vermessungsübung im ersten Semester. Im vierten Semester konzentrieren sich die Studierenden

**SL** Is building in existing structures more interesting for you than new construction?
**RM** I'm interested in the entire spectrum of architecture, but I preferably build in the existing fabric with extension. I consciously seek such tasks—also in competitions. Everything is a material.
**SL** I can also observe this view among the students. Here at the UdK the master's program with the main focus on 'Building in Existing Structures' is particularly popular at the moment.
**TH** Lucius Burckhardt and Walter Förderer wrote the short book *Bauen ein Prozess* (*Construction – A Process*) in 1968. I'd like to talk about this notion and the collaboration of architects and historic conservationists. In every protected building there is a red line that protects the testimonial value. The project must not be a dismantling into a condition that perhaps did not exist at all. We often realize that all parameters are indeed known, but there are architects who are not professionally and intellectually capable of solving the problem or perhaps also don't want to.
**CS** How can one react on the level of an architect's office or of team formation? How do the specialists communicate?
**RM** It's about trust and inspiration. As I rule I call in a personality who I know well and gladly meet with. This gives the team beautiful stimuli if everything is not focused on me, but that outsiders, who see everything completely different, can also have a say.
**CS** How does one react on the motivational level? Naturally, students are differently talented, have different paths and backgrounds. How do we get people excited about recognizing a material that is often perceived to be boring as a chance?
**SL** At our school the introduction takes place through the building survey; it has a very high importance in our faculty. It begins with a simple surveying exercise in the first semester. In the fourth semester the students then concentrate a whole week long on the subject, measure and draw a historic building, crawl through the cellars, explore its history. All of the sudden enthusiasm for the stock arises. Once the students have made this experience, have discovered things, values by themselves, then the identification, the appropriation, takes place.
**RM** These are the sensual experiences that play a big role here. It smells, it stinks, it's dusty. I see, I hear, I feel ...
**SL** Many students are not particularly interested in the building survey at first—and on the second or third day they suddenly catch fire if they are directly confronted with the structure and its history.

dann eine ganze Woche lang auf das Fach, vermessen und zeichnen ein historisches Gebäude, kriechen durch die Keller, erforschen seine Geschichte. Plötzlich entsteht Begeisterung für den Bestand. Wenn die Studierenden einmal diese Erfahrung gemacht haben und Dinge und Werte selbst entdeckt haben, dann findet die Identifikation, die Aneignung statt.

**RM** Es sind die sinnlichen Erlebnisse, die da eine grosse Rolle spielen. Es riecht, es stinkt, es staubt. Ich sehe, ich höre, ich fühle …

**SL** Viele Studierende interessieren sich zunächst nicht besonders für die Bauaufnahme – und am zweiten oder dritten Tag fangen sie plötzlich Feuer, wenn sie direkt mit dem Bauwerk und seiner Geschichte konfrontiert sind.

**RM** Das Bauen findet draussen statt. Wenn man Hingabe vermitteln will, muss man nach draussen und den Architektinnen und Architekten sinnliche Erlebnisse geben.

**TH** Es ist ganz wichtig, dies im Selbstverständnis der Architekten zu verankern. Wenn ich die Leute für Denkmalpflege und das Weiterbauen am Bestand begeistern wollte, hat es zuweilen geheissen: Dieses Metier ist zu einengend – ich möchte lieber kreativ sein. Ein totales Missverständnis.

**SL** Ich lade in die Vorlesungsreihe oft Architekten ein, um eines ihrer Projekte von A bis Z vorzustellen. Wenn ich gute Projekte und gute Leute von grösseren Büros dafür gewinne, verstehen die Hörer, dass Kreativität nicht a priori mit Neubau, sondern auch mit dem Bestand zu tun hat.

**RM** Das ist kein Zufall. Die Suche nach dem Verborgenen, die vielen Geheimnisse, das Staunen sind Quellen der Freude. Diese Erlebniswelt, die Emotionalität und der «Gwunder» (hochdeutsch «Neugierde») sind grundlegend.

**RM** Construction takes place outside. If one wants to convey the commitment, one has to go outside and give the female and male architects sensual experiences.

**TH** It's very important to anchor this in the self-understanding of the architects. If I wanted to excite people for historic building conservation and further building in existing structures, it was sometimes said: This métier is too constricting—I'd rather be creative. A total misunderstanding.

**SL** I often invite architects to the lecture series to introduce one of their projects from A to Z. If I can win over good projects and good people from larger offices for this, the listeners understand that creativity does not have to do a priori with new construction, but also with the fabric.

**RM** That is no coincidence. The search for the hidden, the many secrets, the amazement, are the sources of joy. This world of experience, the emotionality and the 'Gwunder' (Swiss German word for 'curiosity') are essential.

**Wichtigste Bauten und Projekte Most Important Buildings and Projects**

1985–1986 Einfamilienhaus Gautschi
Gautschi Residence, Zofingen

1986 Atelierhaus Iseli, Bern Iseli Studio House, Berne
Anerkennung ATU PRIX Bernischer Kulturpreis für Architektur, Technik und Umwelt Acknowledgement, ATU PRIX Bernese Cultural Prize for Architecture, Technology and Environment 1989

1990–1994 Erweiterungsbau und Sanierung Jugendstilgebäude Eidgenössische Alkoholverwaltung, Bern Annex building and renovation of the Swiss Alcohol Board art nouveau building, Berne
Studienauftrag, 1. Preis Study commission, 1st prize
Auszeichnung ATU PRIX Bernischer Kulturpreis für Architektur, Technik und Umwelt Distinction, ATU PRIX Bernese Cultural Prize for Architecture, Technology and Environment 1995

1990–1998 Erweiterungsbau Unterstufenzentrum, Gemeindeschule Annex building for primary school center, community school Bremgarten bei Bern
Projektwettbewerb, 1. Preis Project competition, 1st prize
Anerkennung ATU PRIX Bernischer Kulturpreis für Architektur, Technik und Umwelt Acknowledgement, ATU PRIX Bernese Cultural Prize for Architecture, Technology and Environment 2000

1997–1999 Sanierung SBB-Verwaltungsgebäude Bollwerk 10, Bern Renovation of the SBB Infrastructure Operation Center Bollwerk 10, Berne
Direktauftrag Direct commission

1998–2002 Gesamtsanierung und Umbau Kongresshaus Biel Complete renovation and conversion of Biel Congress Centre
Studienauftrag, 1. Preis Study commission, 1st prize
Auszeichnung ATU PRIX Bernischer Kulturpreis für Architektur, Technik und Umwelt Distinction, ATU PRIX Bernese Cultural Prize for Architecture, Technology and Environment 2003

2004–2007 Erweiterung Schulanlage Falletsche, Zürich-Leimbach Extension of the Falletsche School Complex, Zurich-Leimbach
Studienauftrag, 1. Preis Study commission, 1st prize

2005–2008 Umbau und Sanierung Hochschule der Künste Bern HKB Conversion and renovation of the Berne University of the Arts (HKB)
Projektwettbewerb, 1. Preis Project competition, 1st prize
Auszeichnung ATU PRIX Bernischer Kulturpreis für Architektur, Technik und Umwelt Distinction, ATU PRIX Bernese Cultural Prize for Architecture, Technology and Environment 2009

2006–2007 Neubau Kaufmännische Berufsschule KBS New building for the Commercial Vocational School (KBS) Langenthal
Projektwettbewerb, 1. Preis Project competition, 1st prize
award best architects 10 best architects award 10 2009

2006–2007 Neubau Verwaltungsgebäude IIC-INTERSPORT, Bern New headquarters building IIC-INTERSPORT Berne
Studienauftrag, 1. Preis Study commission, 1st prize

2007–2008 Neubau Dienstleistungs- und Wohngebäude WylerPark, Bern New construction of the WylerPark service and residential building of the SBB, Berne
Projektwettbewerb, 1. Preis Project competition, 1st prize
Holzpreis Schweiz – Prix Lignum, Auszeichnung Region Mitte Swiss Timber Construction Prize – Prix Lignum, Middle Region Award 2009

1998–2016 Umbauten, Erweiterungen und Neubauten für Schul- und Wohnbauten der Stiftung für blinde und sehbehinderte Kinder und Jugendliche Zollikofen SBSKJ Conversions, extensions and new construction of school and residential buildings for the Foundation for Blind and Visually Impaired Children and Youth (SBSKJ) in Zollikofen

2007–2020 Sanierungen und Erweiterungen für Schul- und Wohnbauten der Stiftung für blinde und sehbehinderte Kinder und Jugendliche Zollikofen SBSKJ mit Gesamtplanung Renovations and extensions of school and residential buildings for the Foundation for Blind and Visually Impaired Children and Youth (SBSKJ) in Zollikofen with overall planning

2001–2009 Sanierung und Erweiterung Renovation and extension of the SR DRS Radio Studio Bern, Berne
Studienauftrag, 1. Preis Study commission, 1st prize
1. Bauetappe 1st construction phase 2001
2. und 3. Bauetappe 2nd and 3rd construction phases 2005–2009
Award für Marketing + Architektur – Kategorie A2 Industrie- und Gewerberäumlichkeiten Marketing + Architecture Award – Category A2 Industrial and Commercial Facilities 2012

2007 – 2012 Sanierung und Herrichtung Fortbildungszentrum des Auswärtigen Amtes der Bundesrepublik Deutschland, Berlin Renovation and fitting-out of the Training Center of the Federal Foreign Office of Germany, Berlin
Projektwettbewerb, 1. Preis Project competition, 1st prize
Anerkennung Deutscher Architekturpreis 2013 des Bundesministeriums für Umwelt Naturschutz, Bau- und Reaktorsicherheit BMUB und der Bundesarchitektenkammer BAK Distinction, German Architecture Prize 2013 of the Federal Ministry for the Environment, Nature Conservation, Building and Nuclear Safety (BMUB) and the Federal Chamber of German Architects (BAK)

2010 – 2016 Wohnüberbauung Freilager Zürich, Teilgebiet A – Woodstock Housing Development Freilager Zurich, Subarea A – Woodstock
Studienauftrag, 1. Preis Study commission, 1st prize

2012 – 2022 Neubau Albulatunnel II Preda – Spinas der Rhätischen Bahn New construction of the Albula Tunnel II Preda – Spinas of the Rhaetian Railway
Masterplan und Gestaltung neue Tunnelportale mit Vorgelände und Dienstgebäuden Master plan and design of new tunnel portals with perimeters and service buildings
Studienauftrag, 1. Preis Study commission, 1st prize
in Ausführung under construction

2013 – 2015 Umbau und Sanierung Kreuzgasse 3/ Junkerngasse 58, Bern Conversion and renovation of Kreuzgasse 3/Junkerngasse 58, Berne
Dr. Jost Hartmann-Preis Dr. Jost Hartmann Prize 2016

2013 Areal Güterbahnhof SBB Rösslimatt Luzern – Städtebauliche Entwicklung Rösslimatt SBB Freight Depot Rösslimatt Lucerne – Urban development of Rösslimatt
Studienauftrag, 1. Preis Study commission, 1st prize

2014 – 2018 Stiftung Campus Sursee – Neubau Schwimmhalle und Sporthalle mit Aussenanlagen Campus Sursee Foundation – New construction of natatorium and sports hall with outdoor facilities
Projektwettbewerb, 1. Preis Project competition, 1st prize, in Bearbeitung in progress

2016 Seerestaurant Tivoli und Yachtclub Luzern Tivoli Lakeside Restaurant and Yacht Club Lucerne
Studienauftrag, 1. Preis Study commission, 1st prize

## Austellungen Exhibitions

10.11.2011 – 5.2.2012 *Bauen mit Holz – Wege in die Zukunft Building with Timber – Paths into the Future* Architekturmuseum der TU München in der Pinakothek der Moderne Architecture Museum of the Technical University of Munich at the Pinakothek der Moderne, Munich

14.12.2011 – 3.3.2012 *Carte Blanche IX: Rolf Mühlethaler* Einzelausstellung im Architekturforum Zürich Solo exhibition at the Architekturforum Zurich

4.6.2013 – 6.7.2013 *Freilager Zürich – Tscharnergut Bern* Einzelausstellung im Architekturforum Bern Solo exhibition at the Architekturforum Berne

21.10.2016 – 15.1.2017 *Bauen mit Holz – Wege in die Zukunft Building with Timber – Paths into the Future* Professur für Entwerfen und Holzbau mit dem Architekturmuseum der TU München im Martin-Gropius-Bau Professorship for Architectural Design and Timber Construction with the Architecture Museum of the Technical University of Munich at the Martin-Gropius-Bau, Berlin

## Publikationen (Auswahl) Publications (Selection)

Einfamilienhaus Gautschi Gautschi Residence, Zofingen *werk, bauen + wohnen* 4/1988, *ARS Helvetica*, Disentis: Pro Helvetia, 1992

Atelierhaus Iseli Bern Iseli Studio House, Berne
*werk, bauen + wohnen* 4/1988, Peter Disch, Willi Egli, Martin Steinmann, *Architektur in der deutschen Schweiz 1980 – 1990,* Lugano: ADV Verlag, 1992
Arno Lederer / Jórunn Ragnarsdóttir, *Wohnen heute Housing Today,* Stuttgart / Zürich: Karl Krämer, 1992

Erweiterungsbau und Sanierung Jugendstilgebäude Eidgenössische Alkoholverwaltung, Bern Annex building and renovation of the Swiss Alcohol Board art nouveau building, Berne
*werk, bauen + wohnen* 6/1994, Werner Huber, Dominique Uldry, *Bern baut. Ein Führer zur zeitgenössischen Architektur 1990 – 2010,* Edition Hochparterre, Zürich: Scheidegger & Spiess, 2009

Einfamilienhaus Vuille Bern Vuille House Berne
*Schweizer Architektur* 4/1995, *werk, bauen + wohnen* 5/1995

Sanierung SBB-Verwaltungsgebäude Bollwerk 10, Bern Renovation of the SBB Infrastructure Operation Center Bollwerk 10, Berne *werk, bauen+wohnen* 3/2001, *werk, bauen+wohnen* 4/2001 – *Werk-Material, werk, bauen+wohnen* 7–8/2002

Gesamtsanierung und Umbau Kongresshaus Biel Complete renovation and conversion of Biel Congress Centre *tec21* 7/2004, *Berichte 1979–2004/Gemeinden A–I;* Denkmalpflege des Kantons Bern Historic Monument Conservation of the Canton of Berne Bern: gta, 2008

Regionales Sport-, Freizeit- und Begegnungszentrum Burkertsmatt Widen Regional Sports, Recreation and Meeting Center Burkertsmatt Widen *Bauen in Stahl steeldoc* 01/12, *Bauen in Stahl steeldoc* 02/12

Sanierung und Erweiterung SR DRS Radio Studio Bern Renovation and extension of the SR DRS Radio Studio Berne *hochparterre* 9/2011, *Berner Heimatschutz – Heimat heute,* Bern 2014

Erweiterung Schulanlage Falletsche, Zürich-Leimbach Extension of the Falletsche School Complex, Zurich-Leimbach
*School Buildings*, Center for Architecture New York, Ausstellung Exhibition 15.1.–24.3.2007
*werk, bauen+wohnen* 5/2007
Roderick Hönig, Roger Frei, *Zürich wird gebaut, Ein Führer zur zeitgenössischen Architektur 1990–2010,* Edition Hochparterre, Zürich: Scheidegger & Spiess, 2010

Umbau und Sanierung HKB Hochschule der Künste Bern Conversion and renovation of the Berne University of the Arts (HKB), *werk, bauen+wohnen* 9/2009, Werner Huber, Dominique Uldry, *Bern baut, Ein Führer zur zeitgenössischen Architektur 1990–2010,* Edition Hochparterre, Zürich: Scheidegger & Spiess, 2009

Neubau Sporthalle New construction of the Sports Hall Haulismatt, Balsthal *hochparterre* 8/2008

Neubau Verwaltungsgebäude IIC-INTERSPORT Bern New headquarters building for IIC-INTERSPORT Berne Werner Huber, Dominique Uldry, *Bern baut. Ein Führer zur zeitgenössischen Architektur 1990–2010,* Edition Hochparterre, Zürich: Scheidegger & Spiess, 2009

Gesamtleistungs- und Projektwettbewerb Schnellgutareal Wylerfeld, Bern Full service and project competition for the Wylerfeld express goods area, Berne *tec21* 23/2005, *hochparterre wettbewerbe* 3/2005, *Wohnstadt Bern* 3/2005, *Anzeiger für das Nordquartier* 22/2005

Neubau Dienstleistungs- und Wohngebäude WylerPark der SBB, Bern New construction of the WylerPark service and residential building of the SBB, Berne *hochparterre* 12/2008, *werk, bauen+wohnen* 3/2009, Werner Huber, Dominique Uldry, *Bern baut. Ein Führer zur zeitgenössischen Architektur 1990–2010,* Edition Hochparterre, Zürich: Scheidegger & Spiess, 2009, Hermann Kaufmann, Winfried Nerdinger (Hrsg. eds.), *Bauen mit Holz – Wege in die Zukunft Building with Timber – Paths into the Future* (Katalog zur Ausstellung des Architekturmuseums der TU München in der Pinakothek der Moderne exhibition catalog of the Architecture Museum of the Technical University of Munich exhibition at the Pinakothek der Moderne), München 2011

Sanierung Grosssiedlung Tscharnergut, Bern Renovation of the Tscharnergut Housing Estate, Berne *werk, bauen+wohnen – Junge Denkmäler* 10/2013, *hochparterre* 11/2016

Sanierung und Herrichtung Fortbildungszentrum des Auswärtigen Amtes der Bundesrepublik Deutschland Renovation and fitting-out of the Training Center of the Federal Foreign Office of Germany, Berlin Bundesministerium für Verkehr, Bau- und Stadtentwicklung (Hrsg.) German Federal Ministry of Transport, Building and Urban Affairs (ed.), *Architektur der Demokratie, Bauten des Bundes 1990–2010,* Ostfildern: Hatje Cantz Verlag, 2009

Freilager Zürich, Teilgebiet A–Woodstock Freilager Zurich, Subarea A – Woodstock *Rolf Mühlethaler* mit Anhang with the appendix *Grundrisse Freilager,* als Set im Kartonschuber as a slip case set (Katalog zur Ausstellung exhibition catalog of the exhibition *Carte Blanche IX: Rolf Mühlethaler* im at the Architekturforum Zürich), Zürich 2012, Hermann Kaufmann, Winfried Nerdinger (Hrsg. eds.), *Bauen mit Holz – Wege in die Zukunft Building with Timber – Paths into the Future* (Katalog zur Ausstellung des Architekturmuseums der TU München in der Pinakothek der Moderne exhibition catalog of the Architecture Museum of the Technical University of Munich exhibition at the Pinakothek der Moderne), München 2011, *werk, bauen+wohnen* 11/2016, *hochparterre Themenheft November 2016, tec21* Sonderheft Special Issue November 2016 (Beilage zu supplement to *tec21* Nr. 47/2016)

Umbau und Sanierung Conversion and renovation of Kreuzgasse 3/Junkerngasse 58, Bern Berne *Wohnstadt Bern* 26/2013

Masterplan Neubau Albulatunnel II Master plan of the new construction of Albula Tunnel II Preda – Spinas *tec21* 18/2013

**Rolf Mühlethaler**

*1956 in Bern. Hochbauzeichner; Architekturstudium an der HTL Burgdorf. 1980 bis 1983 Mitarbeit bei Max Schlup in Biel und von 1983 bis 1985 bei Frank Geiser, Bern. Seit 1985 führt er sein eigenes Büro mit zahlreichen realisierten, teils wegweisenden Projekten für private und öffentliche Bauherrschaften, darunter Wohn-, Büro-, Schul-, Sport- und Infrastrukturbauten. Vielfache Auszeichnungen sowie Wettbewerbserfolge in verschiedensten Kategorien. Insbesondere Beschäftigung mit städtebaulichen und strukturellen Fragen und dem sorgfältigen Weiterbauen im Bestand. 2015/16 war er Gastprofessor für Entwerfen und Gebäudeplanung an der Universität der Künste Berlin. Mitglied im Bund Schweizer Architekten BSA und im Schweizerischen Ingenieur- und Architektenverein SIA. Mitwirkung in Wettbewerbsjurys, Stadtbaukommissionen und Beiräten, u. a. in der Redaktionskommission von *werk, bauen+wohnen* (1994 bis 1999). Auszeichnung guter Bauten im Kanton Luzern (1999). Teil der Stadtbaukommission Luzern (2000 bis 2008) und Präsident der Stadtbildkommission Bern (2004). Auszeichnung guter Bauten im Kanton Zürich (2006). Gestaltungsbeirat Neubau Semmering Basistunnel in Österreich (2011 bis 2026). Seine Arbeiten waren Gegenstand mehrerer Ausstellungen und Publikationen.

**Rolf Mühlethaler**

*1956 in Berne. Structural draftsman; architecture study at the Higher Technical College in Burgdorf. 1980 to 1983 assistant with Max Schlup in Biel and from 1983 to 1985 with Frank Geiser in Berne. Since 1985 he has been running his own office with numerous realized projects, some of them pathbreaking, for private and public clients, including residential, office, school, sports and infrastructure buildings. Multiple awards as well as competition successes in the most diverse categories. In particular, extensive engagement in urban planning and structural issues and careful further building in existing contexts. In 2015/16 he was Guest Professor for Design and Building Planning at the Berlin University of the Arts. Member of the Society of Swiss Architects (BSA) and the Swiss Association of Engineers and Architects (SIA). Participation in competition juries, city planning commissions and advisory boards, among others things, in the editorial commission of *werk, bauen+wohnen* (1994 to 1999). Award for Good Buildings in the Canton of Lucerne (1999). Part of the City Planning Commission of Lucerne (2000 to 2008) and President of the City Design Commission in Berne (2004). Award for Good Buildings in the Canton of Zurich (2006). Architectural Advisory Board Member for the new construction of the Semmering Base Tunnel in Austria (2011 to 2026). His work has been the subject of several exhibitions and publications.

**Mitarbeiter, Lehrlinge und Praktikanten**
**Staff, Apprentices and Interns**

Seerestaurant Tivoli und Yachtclub Luzern
Tivoli Lakeside Restaurant and Yacht Club Lucerne
Florian Baumgartner, Patrik Hofmann,
Noelia Rüegger, Matthias Schilling, Sandra Stein

Rösslimatt Luzern Rösslimatt Lucerne
Chantal Amberg, Roberto Couceiro, Carmen Fischer,
Michael Gfeller, Michael Jäggi, Marcel Jeker,
Ueli Meuter, Joris Rothenbühler,
Thomas Summermatter, Michael von Allmen

Campus Sursee Campus Sursee
Luca Affolter, Chantal Amberg, Florian Baumgartner,
Michael Gfeller, Michael Jäggi, Ueli Meuter,
Alex Ramseier, Matthias Schilling, Sandra Stein

Freilager Zürich Freilager Zurich
Chantal Amberg, Roberto Couceiro, Reni Dähler,
Etienne Geissmann, Julia Grommas,
Marion Heinzmann, Michael Jäggi, Wolfgang Kessler,
Pascal Knapp, Simone Nina Kraus, Pascal Kraut,
Bianca Ampari Kummer, Kerstin Maurer, Ueli Meuter,
Thomas Moser, Derya Sancar, Nadja Schaffer,
Sandra Stein, Thomas Summermatter, Thomas
Waeber, Jonas von Wartburg, Simon Wiederkehr

Hochschule der Künste Bern Berne University
of the Arts
Chantal Buchser, Hansjürg Eggimann, Adrian Hagen,
Thomas Hurschler, Etienne Geissmann,
Michael Jäggi, Thomas Kaspar, Stefan Kuriger,
Stefan Lobsiger, Roberto Pongiluppi, Nadja Schaffer,
Bruno Steiner, Michael Stettler, Philipp Urech,
Adrian von Känel, Thomas Waeber, Sonja Walthert

Tscharnergut Bern Tscharnergut Berne
Marcel Jeker, Stefan Kuriger, Manon Muller,
Joris Rothenbühler, Nadja Schaffer, Thomas Spicher,
Sandra Stein, Thomas Summermatter, Selin Trachsel,
Simon Wiederkehr

Team seit Team since 1985

Aeschbacher Fabienne, Affolter Luca,
Amberg Chantal, Baroni Cornelia,
Baumgartner Florian, Baumgartner Hans Ulrich,
Bhend Christoph, Bieri Roman, Blumer Nadia,
Bodmer Madeleine, Bögli Lukas, Buchser Chantal,
Burger Christof, Chatelet Christophe,
Chefsailles Daniel, Chiuppi Eva Johanna,
Couceiro Roberto, Dähler Reni,
Dobrovodsky Roman, Eggimann Hansjürg,
Ernst Linus, Felippi Fabio, Fischer Carmen,
Fischer Olivier, Freiburghaus Elisabeth,
Freiburghaus Heinz, Furrer Frank, Geiser Reto,
Geissmann Etienne, Gfeller Michael, Götti Nicole,
Grommas Julia, Gygax Beat, Gygax Franziska,
Hagen Adrian, Heinzmann Marion,
Hirsbrunner Johann, Hofmann Patrik,
Hofstetter Verena, Hurschler Thomas, Iseli Daphné,
Iseli Zoé, Jäggi Michael, Jäggli Beat, Jeker Marcel,
Jeunet Noémie, Jezler Ueli, Käppeli Thomas,
Kaspar Thomas, Keller Brigitta, Kessler Wolfgang,
Kiehl Brigitte, Klammer Serge, Knapp Pascal,
Kobel Daniel, Koch Petra, Kocher Lorenz,
Kraus Simone Nina, Kraut Pascal,
Kummer Bianca Ampari, Kuriger Stefan,
Kurmann Martin, Leu Bernhard, Leuenberger Tina,
Lobsiger Stefan, Luginbühl Stefan,
Luginbühl Vinzenz, Malerba Remo, Manzone Aurelia,
Maurer Gabriela, Maurer Kerstin, Meuter Ueli,
Meyer Franziska, Moor Mario, Moser Thomas,
Mühlethaler Felix, Müller Manuela, Münger Brigitte,
Muller Manon, Nicolai Luca, Niederhauser Annina,
Nydegger Andreas, Philipp Heinz,
Pommerien Christiane, Pongiluppi Roberto,
Ramseier Alex, Reist Dilay, Reist Stefan, Ritter Frank,
Roggo Stefan, Rothenbühler Joris, Rüegger Mario,
Rüegger Noelia, Ruef Niklaus, Ryf Pia, Ryter Markus,
Saarinen Martin, Salvetti Ivo, Sancar Derya,
Schaffer Nadja, Schenker Susanne,
Schilling Matthias, Schmidlin Luca,
Schnegg Matthias, Seiler Markus, Senn Andy,
Siebert Kathrin, Sönmez Derya, Spicher Thomas,
Stein Sandra, Steiner Bruno, Stettler Michael,
Stettler Thomas, Streit Lukas, Studer Markus,
Summermatter Thomas, Thuner Simon,
Trachsel Selin, Urech Philipp, Vaterlaus Andrea,
von Allmen Michael, von Känel Adrian,
von Wartburg Jonas, Waeber Sophie,
Waeber Thomas, Walthert Sonja, Weber Urs,
Westenberger Daniel, Wiederkehr Simon,
Yeretzian Aline, Zimmermann Marlis

## Autorinnen und Autoren

**Silke Langenberg** Prof. Dr.-Ing. Arch TU SIA, Zürich/München. Professur für Bauen im Bestand, Denkmalpflege und Bauaufnahme an der Hochschule München, zuvor langjährige Tätigkeit am Institut für Denkmalpflege und Bauforschung und am Institut für Technologie in der Architektur der Eidgenössischen Technischen Hoschschule (ETH) Zürich. Vorstandsmitglied vom Internationalen Rat für Denkmalpflege ICOMOS Suisse.

**Tivadar Puskas** Dipl.-Ing. Geschäftsleitender Partner im Büro Schnetzer Puskas für Statik und Konstruktion in Basel. Zahlreiche nationale und internationale Projekte. Er interessiert sich im Besonderen für konzeptionelle und strukturelle Fragen. Mehrere Ausstellungen und Publikationen.

**Jürg Rehsteiner** Dipl. Architekt, EMBA Hochschule St. Gallen. Stadtarchitekt in Luzern, zuvor im Amt für Städtebau Zürich. Eigenes Büro sowie Tätigkeit als Assistent und Dozent am Departement für Architektur der ETH Zürich.

**Florian Riegler** Dipl. Architekt, führt zusammen mit Roger Riewe ein Architekturbüro in Graz. Zahlreiche Projekte im nationalen und internationalen Umfeld. Professur für Entwerfen und Konstruktion an der Universität der Künste Berlin sowie Gastprofessuren in Deutschland, Tschechien, Schweiz (ETH Zürich).

**Christoph Schläppi** lic. phil.; Architekturhistoriker, Dozent für Architekturkritik an der Zürcher Hochschule für Angewandte Wissenschaften. Zahlreiche Beratungsmandate und Lehraufträge, u. a. an der ETH Zürich. Verfasser zahlreicher Texte und Vorträge.

**Martin Schuler** Dipl. Architekt FH CAS ETH UFAI, Mitglied der Geschäftsleitung beim Büro DEON AG Luzern und Geschäftsführer der Stiftung Architekturgalerie Luzern seit 2008. Zuvor Projektleiter beim Büro DEON AG Luzern und Assistent für Entwurfs- und Konstruktionsunterricht an der Hochschule für Technik & Architektur in Luzern.

**Toni Häfliger** Architekt, von 1975 bis 1988 Raumplaner des Kantons Nidwalden und von 1988 bis 2001 im Kader der Abteilung Hochbau der Schweizerischen Bundesbahnen SBB, zuletzt stellvertretender Chefarchitekt. 2001 bis 2010 Leiter der Denkmalpflege der SBB. Diverse Lehraufträge. Seit 2011 Gutachten und Mandate in der Schweiz, Österreich, Deutschland. Mitglied bei SIA, BSA und FSU sowie internationalen Fachorganisationen für Denkmalpflege und Industriekultur.

## Authors

**Silke Langenberg** Prof. Dr.-Ing. Arch TU SIA, Zurich/Munich. Professor for Design and Construction in Existing Contexts, Conservation and Building Research at the University of Applied Sciences in Munich; before that many years of activity at the Institute of Historic Building Research and Conservation and at the Institute of Technology in Architecture at the Swiss Federal Institute of Technology (ETH) in Zurich. Board Member of ICOMOS Suisse.

**Tivadar Puskas** Dipl.-Ing. Managing Partner of the Schnetzer Puskas Structural Engineering and Construction Office in Basel. Numerous national and international projects. He is especially interested in conceptual and structural issues. Several exhibitions and publications.

**Jürg Rehsteiner** Dipl. Architekt, EMBA University of St. Gallen. Municipal Architect in Lucerne, prior to that at the Office for Urban Development in Zurich. Operates his own office and is active as an assistant and lecturer at the Department of Architecture at the ETH in Zurich.

**Florian Riegler** Dipl. Architekt, runs an architectural office together with Roger Riewe in Graz. Numerous projects in the national and international field. Professorship for Design and Construction at the Berlin University of the Arts, as well as guest professorships in Germany, the Czech Republic and Switzerland (ETH Zurich).

**Christoph Schläppi** lic. phil.; architecture historian, lecturer for architectural critique at the Zurich University of Applied Sciences. Numerous advisory mandates and teaching assignments, among others, at the ETH in Zurich. Author of numerous texts and lectures.

**Martin Schuler** Dipl. Architekt FH CAS ETH UFAI, Member of the Management Board of the architect's office DEON AG in Lucerne and Executive Director of the Architekturgalerie Luzern Foundation since 2008. Previously Project Manager at DEON AG in Lucerne and Assistant for Design and Construction Teaching at the Lucerne University of Applied Sciences and Arts.

**Toni Häfliger** Architect, Development Planner of the Canton of Nidwalden from 1975 to 1988 and in the cadre of the Civil Engineering Department of the Swiss Federal Railways (SBB) from 1988 to 2001, lastly as Deputy Chief Architect. Head of Historic Conservation at the SBB from 2001 to 2010. Various teaching assignments. Since 2011 expert assessments and mandates in Switzerland, Austria and Germany. Member of the SIA, BSA and FSU, as well as international professional associations for historic conservation and industrial heritage.

Architekturgalerie Luzern
Architecture Gallery Lucerne
Katalog zur Ausstellung *fragile ordnung*
Catalog for the exhibition *fragile order*
9. Dezember 2016 bis 28. Januar 8 December to 28 January 2017

Herausgeber Editor
Edition Architekturgalerie Luzern
Architekturgalerie Luzern
Gesamtleitung Supervising Editor
Martin Schuler
Projektleitung Publikation Catalog Production
Toni Häfliger
Konzept Concept
Toni Häfliger, Rolf Mühlethaler

Visuelle Konzeption, Buchgestaltung und Produktionsleitung Visual Concept, Book Design and Production Management
lenz+ büro für visuelle gestaltung, Wien
Gabriele Lenz und Elena Henrich
Mitarbeit Assistance
Melanie Tonkowik

Moderation / Nachbearbeitung Werkstattgespräche
Moderating / Postprocessing of the Workshop Talks
Christoph Schläppi
Projektbeschriebe Project Descriptions
Rolf Mühlethaler, Toni Häfliger, Gerold Kunz

Redaktion Editing
Toni Häfliger, Gerold Kunz
Lektorat Copy Editing
Textschiff – Christina Bösel
Übersetzung aus dem Deutschen ins Englische
Translation from German to English
Brian Dorsey

Fundraising, Sponsoring
Martin Schuler

Fotos Photos
Gataric Fotografie 42, 46, 48
Architekturfotografie Gempeler, Bern 12, 14, 16, 25, 41, 45, 47, 57, 58, 60, 62, 64
Visualisierungen Visualizations
Architron GmbH, Zürich 30
nightnurse images GmbH, Zürich 5

Bild- und Planbearbeitung Plan und Image Editing
lenz+ büro für visuelle gestaltung, Wien

Schrift Font
Helvetica Neue (Linotype Design Studio, 1983 / Max Miedinger, 1957)
Papier Paper
Favini Remake Smoke, 250 g, 120 g
Arctic Volume White, 170 g
Druck und Bindung Printing and Binding
gugler*print GmbH, Melk



ISBN 978-3-03860-039-8

Edition Architekturgalerie Luzern
Pfistergasse 23
6003 Luzern Lucerne
Schweiz Switzerland
www.architekturgalerie.ch

Park Books
Niederdorfstrasse 54
8001 Zürich Zurich
Schweiz Switzerland
www.park-books.com



Aus Gründen der besseren Lesbarkeit wird auf die gleichzeitige Verwendung männlicher und weiblicher Sprachformen verzichtet. Sämtliche Personenbezeichnungen gelten gleichwohl für beiderlei Geschlecht.
In order to improve readability, the simultaneous usage of masculine and feminine forms has not been applied. Any and all terms used throughout to denote persons are applicable to all genders.

HANS ABICHT AG

CAMPUS SURSEE

MEHR ALS EIN LIFT
SWISS MADE
EMCH

Gemeinnützige Gesellschaft
der Stadt Luzern

HHM

imprägnierwerk willisau

KARTON

MULTI REFLEX

planteam

RENGGLI
HOLZBAU WEISE

SCHNETZER PUSKAS
INGENIEURE